La Langue et la littérature hindoustanies en 1876

1876

JOSEPH HÉLIODORE SAGESSE VERTU
GARCIN DE TASSY

TABLE DES MATIÈRES

LA LANGUE ET LA LITTÉRATURE HINDOUSTANIES

EN 1876

I. Voilà la Reine d'Angleterre investie officiellement du titre d'impératrice de l'Inde, « Indiæ imperatrix », titre auquel répugnait, il faut le dire, la fière nation anglaise, sans doute parce qu'il lui rappelait le despotisme napoléonien ; mais ce titre était déjà donné officieusement à S. M. Victoria par les indigènes depuis la réunion définitive en 1857 au sceptre britannique du vaste empire de l'Inde, qui ne compte pas moins de deux cent cinquante millions d'habitants, car on y nommait depuis lors la Reine Schâhinschâh[1], ce qui est la traduction de l'ancien titre persan de Bkeb ov. Heureusement pour les Anglais, qui avec raison n'aiment pas les changements, le nom paternel de « Reine » précédera toujours celui d'impératrice, et il n'en sera pas comme de Napoléon Ier qui était d'abord « empereur », puis « roi (d'Italie) ». La proclamation du nouveau titre doit avoir lieu très-solennellement à Dehli le 1er janvier 1877, après que le Vice-roi aura fait son entrée dans l'ancienne capitale de Schah-Jâhan. Ce vice-roi est Lord Lytton, qui a été secrétaire d'ambassade à Paris, où il a laissé les meilleurs souvenirs de son esprit et de ses talents. Littérateur distingué, auteur de plusieurs ouvrages remarquables, il était ministre britannique à Lisbonne lorsqu'il a été appelé par le gouvernement de la Reine d'Angleterre au poste élevé qu'il occupe maintenant.

De même que les journaux anglais, les journaux indigènes de l'Inde ont discuté en toute liberté l'opportunité du changement du titre royal, mais ils l'ont surtout envisagé sous le point de vue de celui qu'il y aurait par suite à faire aux titres des princes indiens.

On lit à ce sujet dans l'Aawadh akhbâr[2] : « Puisqu'on donne à la grande Reine le nom de Schâhinschâh, il faut qu'on donne aussi aux wâli, ou chefs du premier ordre, par exemple au Nizam du Décan, le titre de padischâh, et qu'on élève de la même manière les appellations honorifiques de tous les potentats de l'Inde. »

En effet, depuis que, la Reine d'Angleterre a pris le titre d'impératrice, l'amir du Caboul a voulu prendre celui de padischâh[3]. Il a consulté à cet effet son conseil d'État, composé des personnes les plus distinguées du pays, qui n'ont trouvé aucun inconvénient à la chose[4]. On dit que de son côté le roi de Birmanie songe sérieusement à se faire proclamer empereur, afin d'être au niveau de l'impératrice de l'Inde et des empereurs de Russie et d'Allemagne[5].

Les journaux non-seulement indiens[6], mais anglais, français, que dis-je, du monde entier, ayant entretenu leurs lecteurs de toutes les circonstances du voyage du Prince de Galles, ce que je pourrais en dire ne serait qu'une répétition de ce qu'on a déjà lu. Je ferai seulement savoir que dans une séance spéciale de l'Université de Calcutta, le Prince de Galles a été doté du titre honoraire de docteur en droit de cette Université, et ce qui fait honneur à ses sentiments religieux, c'est qu'à Amritsir il a reçu, avec le chef de la mission chrétienne, Mr. Baring, le célèbre controversiste Imad uddin, musulman converti[7] ; et à cette occasion je ferai remarquer que les spectacles de tout genre qu'on a cru devoir montrer au Prince n'ont pas tous été approuvés par les bons chrétiens anglais. Telles sont, par exemple, les exhibitions qui ont été faites aux temples hindous qu'il a visités ; celle, entre autres, de la dent de Bouddha à Candy, dans l'île de Ceylan ; mais surtout les combats cruels d'éléphants et de rhinocéros, et les danses lascives des nâch-girls[8], qui ont été l'objet d'une protestation du Dr. Duff, ancien missionnaire dans l'Inde, devant l'« Anglo-indian-christian Union » d'Édinburgh.

Il est vrai qu'on n'a pas seulement montré au Prince des nâch et des exercices acrobatiques, mais à Madras, par exemple, on lui a donné le spectacle d'un drame attachant fondé sur l'histoire populaire de Mal et de Daman (Damayanti), qui fait le sujet de tant de belles compositions indiennes modernes imitées du sanscrit, tandis qu'à Bombay le théâtre des amateurs parsis a joué l'histoire fabuleuse, mais intéressante, de Hâtim Tâyi[9].

Une des choses qui ont dû flatter le plus le Prince, c'est qu'en son honneur on s'est relâché du système de réclusion des femmes derrière le parda, et qu'on a pu les voir en voiture et en palanquin dans les rues de Calcutta ; et même un bâbû[10] a introduit le Prince dans son zanâna, au grand étonnement des habitantes de l'endroit. Il paraît toutefois que cette sorte d'exhibition a été l'objet d'une comédie (bengali farce) intitulée « Jaganand et le Prince », représentée au « National Theatre », pièce non-seulement, dit-on, indécente, mais insultante pour Son Altesse Royale, pour les dames européennes, pour le babu dont il s'agit, et pour sa famille[11]. Mais aussi le gouvernement en a-t-il arrêté la représentation par mesure de police.

À Lahore, le Prince de Galles reçut cent vingt membres de l'ancienne maison royale de Delhi[12], et aussi des princes de l'Afganistan, des descendants de Nanak, fondateur de la religion des Sikhs, et de Govind, qui en fit une nation militaire. Malgré la défense expresse qui leur en avait été faite, beaucoup de chefs indigènes offrirent leurs nazars[13], et il fallut pour les satisfaire que le prince les touchât.

À l'occasion de la visite du Prince de Galles au Cachemyre, le maharaja mit en liberté tous les prisonniers, afin, dit-il, qu'ils pussent prier volontiers pour le bonheur de son hôte royal[14].

Parmi les visites que le Prince a reçues dans l'Inde, je mentionnerai celle du saiyid Abdullah (dont j'ai souvent parlé dans mes « Discours » et dans mes « Revues »), qui n'a pas manqué d'aller lui présenter ses devoirs, d'autant plus qu'il avait eu l'occasion de le voir à Londres aux réceptions de la Reine auxquelles il avait été quelquefois admis pendant son long séjour en Angleterre. Lorsqu'il fut présenté à l'héritier du trône de la Grande-Bretagne, le Prince le reconnut aussitôt et s'informa de sa position au gouverneur du Bengale, qui lui fit savoir qu'il était actuellement « inspecteur des écoles du Bihar[15] ».

L'Awadh Akhbâr[16] donne, d'après un correspondant du « Delhi Gazette » auquel il en laisse la responsabilité, l'article suivant :

Lorsque le Prince de Galles était à Calcutta, il exprima le désir que le roi d'Aoude, S. M. Wajid Ali Schah, vînt le voir ; mais le roi répondit noblement : « Si le Prince me considère comme roi, il n'est pas opportun que j'aille lui faire visite. Si, au contraire, je ne suis qu'un faquir exilé de mon pays, comment aller dans cette position voir un si grand personnage ? » Ces nobles paroles produisirent, dit-on, une grande impression sur l'esprit du Prince ; il alla voir lui-même comme un simple particulier S. M. Wajid Ali Schah, et, au milieu de la conversation, il lui promit sa recommandation auprès de la Reine. Lorsque le Prince quitta le roi, Sa Majesté lui offrit en nazar un jarîb[17] enchâssé de perles et de diamants. De cette visite et des paroles du Prince, les Indiens ont conclu que le roi d'Aoude pourrait être remis en possession de son trône.

Toutefois l'Awadh Akhbâr[18] dit à ce sujet : « Quoique depuis le départ du Prince de Galles de Calcutta le bruit se soit répandu chez les grands et les petits qu'une communication avait eu lieu entre le Prince et le roi d'Aoude, la chose n'est pas probable et on fera bien de n'y pas croire. » Et puisque nous en sommes au roi d'Aoude, je dois dire que le gouvernement anglais de l'Inde a permis à son fils aîné d'aller passer quinze jours à Lakhnau, la capitale du royaume de ses ancêtres. Là, il a été reçu à la station du chemin de fer par plusieurs notables de la ville, et il est descendu chez sa belle-mère, sœur de l'ex-roi son père[19].

Parmi l'énorme quantité de présents que les rajas de l'Inde ont offerts au Prince de Galles, la plupart de grand prix, un de ceux qui doivent avoir été le plus appréciés, c'est le portrait d'une jeune fille indienne jouant du bîn[20], fait par un artiste du pays. Ce portrait, qui a été donné au Prince avec beaucoup d'autres raretés par le maharaja de Travancore, est un chef-d'œuvre de l'art indien ; aussi a-t-il obtenu un prix à la dernière Exposition des beaux-arts à Madras[21]. Il paraît qu'il nous sera donné d'admirer ces beaux cadeaux à l'Exposition de Paris de 1878, car le Prince a manifesté l'intention généreuse de les y envoyer.

Tandis que la plupart des journaux indigènes ont félicité l'Inde de la visite du Prince de Galles, quelques journaux d'opposition, entre autres le journal hindoustani de Bombay appelé Rast Guftâr « le Vrai Discours », prétendant que les princes indiens se plaignent de la façon cavalière dont ils ont été reçus. Voici, au surplus, sous le titre de « Les sujets hindoustaniens peuvent-ils être satisfaits du gouvernement anglais ? » un article de l'Awadh Akhbâr[22] que je demande la permission de traduire ici comme un exemple du genre d'opposition que font au gouvernement quelques journaux indigènes :

« La réponse à cette question, dit ce journal, peut se déduire de la situation même de l'Hindoustan, c'est-à-dire "de la langue de l'état[23]", qui semble dire : Apprenez ce que vous voulez savoir par notre situation même. Mais cependant il y a quelque incertitude à ce sujet, et c'est parce que l'homme a deux états, un extérieur ou factice et l'autre qui est réel. L'état factice est celui que le gouvernement connait par les darbâr[24], où on nous demande si nous sommes contents. Alors, sans réflexion, nous répondons affirmativement ; mais Dieu seul connait l'intérieur de notre cœur. Si une réunion avait lieu d'elle-même, alors tout naturellement chacun dirait : Nous ne sommes pas contents de l'administration, car pour que nous fussions contents beaucoup de choses seraient nécessaires. Ainsi quant ce bien-être et à cette abondance asiatique que nous avions autrefois trouvés, notre gouvernement actuel n'en a pas su lire la leçon. Le gouvernement doit faire les choses qui peuvent nous satisfaire. Le cœur de l'homme est content lorsqu'on lui accorde quelque faveur. Voyez le Prince de Galles, qui est l'héritier présomptif d'une grande Reine, là où on lui a témoigné beaucoup de sympathie, son cœur a été plus content ; et comme tout l'Hindoustan a dépensé de l'or à cause de lui comme marque de déférence, ainsi qu'il convenait de le faire, il en a été flatté. Toutefois, ni cette largesse des indiens, ni leur satisfaction apparente, ne viennent du cœur.

« Bien que le Prince soit doué de toutes les qualités désirables, personne n'est content, quoiqu'il paraisse l'être. Nous n'admettons pas que le gouvernement connaisse ce qui concerne les karor[25] d'hommes qui ont besoin de son administration. Lorsque les sujets sont affamés, comment peuvent-ils affirmer leur contentement ? et quoique extérieurement ils disent au gouvernement qu'ils sont satisfaits, on ne peut l'admettre en réalité. Une qualité qui nous est particulière, c'est d'obéir au souverain et d'être patients et même reconnaissants sur notre position. Toutefois, nous ne sommes pas satisfaits… Serait-ce que nous sommes soumis à une nation étrangère ? Non, ce n'est pas cela. Que fait aux sujets indiens que ce soient des chrétiens qui les gouvernent ou des hindoustaniens, pourvu qu'ils remplissent paisiblement leur ventre, comme le dit un proverbe persan : Donne-moi du pain, et frappe-moi la tête avec ton soulier.

« L'Hindoustan est un pays qui depuis des centaines d'années est gouverné par des étrangers. Cependant, dans leur temps, la poussière qui s'élève aujourd'hui ne s'était pas montrée. Quoique les anciens souverains n'abandonnassent pas leurs trésors et leurs sujets, toutefois ceux-ci ne mouraient pas de faim, parce que route la richesse du pays s'y dépensait. Des milliers de serviteurs du roi qui avaient des lakhs de roupies à dépenser étaient comme les pères et les aïeux du pays ; et maintenant, au contraire, des karor de roupies en sont enlevés. Tant qu'on ne prendra pas la résolution de dépenser ici même toutes les roupies qui se tirent du pays, la tranquillité n'aura pas lieu.

« Si quelqu'un demande comment se pratique la générosité asiatique, nous en donnerons un exemple. Quand les wâli (chefs), les rajas et les maharajas indiens voyagent, le peuple y gagne des lakhs[26] de roupies. Ainsi, lorsque les wali de l'Hindoustan ont fait le voyage de Calcutta pour rendre honneur au Prince, à tous les endroits de la route par où ils passèrent ils dépensèrent des lakhs de roupies. Or il faut savoir si les Indiens ne préfèrent pas une aussi grande largesse à la générosité européenne, qui, à l'exception de la dépense officiellement connue, ignore le nom de la munificence royale, car c'est un grand contentement lorsque l'abondance parvient aux serviteurs de Dieu par l'entremise des émirs. Voilà ce qu'on nomme la largesse asiatique et la libéralité dont les Hindoustaniens ont l'habitude. C'est ainsi qu'ils disent que le Prince en nous honorant de sa visite devait dépenser au moins dix à vingt karor de roupies, qu'alors les Indiens auraient su qu'il était venu, parce que son arrivée aurait amené l'abondance. Mais, si ce n'est de montrer sa bonne mine aux Indiens, aucun avantage ne leur est parvenu. Donc, bien qu'ils paraissent heureux extérieurement, toutefois leur cœur ne peut être content…

« Il est vrai que notre gouvernement en répandant la science a déployé une grande générosité ; toutefois il ne parait en être résulté pour l'Hindoustan qu'une cause de pauvreté. Des karor d'étudiants qui sont préparés dans les écoles, par quelle industrie peuvent-ils gagner leur vie ? Plût à Dieu que le gouvernement, avec cet enseignement qu'on peut appeler sec, eût fondé ça et là des établissements pour utiliser les connaissances acquises… On pourrait penser alors qu'il s'ensuivrait quelque abondance. Mais que peuvent faire les Indiens ? Le fait est que l'administration aime la science, et cependant les gens de science disparaissent peu à peu, car pour eux il n'y pas d'emploi qui puisse leur donner des moyens d'existence… Est-ce une assistance lorsque, par exemple, après qu'un typographe en dépensant quelques mille roupies a imprimé deux mille exemplaires d'un ouvrage, que le gouvernement en achète deux ou trois, ou que si on publie un journal le gouvernement en prenne deux, quatre on même dix ou vingt exemplaires, donnant ainsi le secours qu'on pourrait donner à un chameau en mettant un peu de cumin dans sa bouche ? Le résultat de tout ceci est que maintenant, en Hindoustan, il n'y a ni imprimerie ni journal qui soient réellement prospères…

« Maintenant, rien ne se fait ; mais si le gouvernement pense que tout est pour le mieux à l'égard des ra'ayas de l'Inde, qu'il sache néanmoins que tant qu'il ne fera pas ce qui nous paraît nécessaire, dans l'intérêt du pays, il ne peut espérer que le titre d'impératrice (schâhinschâh) puisse produire quelque bon effet, ou que l'envoi dans l'Inde de l'héritier du trône ait pu amener la prospérité et consolider le gouvernement anglais. »

Le Prince de Galles se trouva à Calcutta le jour de Noël, et, à la suite du service divin auquel il assista, l'éminent évêque, qui devait bientôt périr victime de son devoir, fit un sermon, dans lequel il recommanda énergiquement à ses auditeurs anglais de donner le bon exemple aux païens, chacun d'eux devant être un missionnaire, à l'imitation de Jésus-Christ, dont la vie était une prédication continuelle [27]. Le Prince était aussi a Calcutta le premier jour de l'an, et il put entendre chanter cette hymne :

The year is gone, beyond recall,
With all its hopes and fears,
With all its bright and gladdening smiles,
With all its mourner's tears… [28]

En tête du premier numéro de janvier, l'Awadh Akhbâr publie cinq différents târikhs (chronogrammes) en vers hindoustanis, sur le nombre 1876 de la nouvelle année. On a fait aussi, de tous côtés, des târikhs pour rappeler le jour de l'arrivée du Prince de Galles dans chacune des villes qu'il a parcourues, et les poëtes qui les ont composés ont eu le talent de faire passer les mots : Prince of Wales ân Schahinschâh-i 'alam : « Le Prince de Galles, Roi des rois du monde », dans les vers hindoustanis où ces mots représentent quatre fâ-û-lûn, c'est-à-dire le mètre mutâcârib[29].

On a eu l'idée de réunir en un volume les cacida, les schahr-aschob[30] et autres poésies composées en l'honneur du Prince de Galles pendant son séjour dans l'Inde. Cent cinquante poëtes musulmans, hindous, parsis, portugais et anglais lui ont adressé des pièces de vers dont l'Awadh Akhbâr[31] signale spécialement huit : quatre en anglais et quatre autres, savoir : une en bengali, une seconde en télugu, une troisième en sanscrit et une quatrième en hindoustani. Dans cette dernière pièce, dont Haidar Ali est l'auteur, ce poëte, se livrant à son imagination orientale, dit les choses les plus extravagantes et termine par les exagérations suivantes :

« Si le Prince déploie son esprit, Aristote en est stupéfait. Par sa venue dans l'Inde, les gens inquiets ont été tranquillisés, et les malheureux ont vu la fin de leurs peines. La porte du paradis a été ouverte, ou, pour mieux dire, chacun en a eu la clef et a pu l'ouvrir. Le Prince a plus de science que Platon ; sa libéralité est plus grande que la mer Noire (l'Océan). La poussière de dessous ses pieds s'élève jusqu'au ciel, et là, elle forme un nuage qui rafraîchit et rend verdoyant le monde entier. »

À la suite du voyage du Prince de Galles, plusieurs Indiens distingués ont voulu visiter l'Europe. Le principal, le nabab Sir Salar Jang[32], qui a passé quelques jours à Paris, tant en allant en Angleterre qu'en en revenant, est le premier ministre du Nizam (souverain) du Décan, dont la capitale est Haïderabad. C'est lui qui, depuis vingt-trois ans, dirige, avec fermeté, énergie et prudence, les vastes États dont la Reine d'Angleterre est suzeraine. Il a rendu de grands services aux Anglais, car c'est à lui qu'ils doivent le traité par lequel le Nizam céda le Bérar à la Compagnie des Indes orientales, et, depuis lors, il a fait ses efforts pour établir la paix, l'ordre et le bon état financier de son pays. Lors de la grande insurrection de 1857, Haïderabad était rempli de soldats turbulents et de masses fanatiques. La résidence britannique fut attaquée, et Salar Jang lui-même, qu'on savait favorable aux Anglais, fut l'objet des menaces d'une populace armée ; mais il fit tête à l'orage, et il préserva son pays d'une crise imminente. Il sut tenir en paix les sujets du Nizam, et il se servit de son influence sur le Prince régnant pour le déterminer à unir ses troupes à celles de l'Angleterre, afin de triompher de l'insurrection dans l'Inde centrale. C'est pour ces services que Salar Jang a été nommé grand commandeur du « Star of India », qu'il a reçu le titre anglais de « Sir », et, ce qui est plus essentiel, qu'il a obtenu la rétrocession d'une partie des provinces cédées à l'Angleterre et l'abandon d'une dette considérable du gouvernement du Décan. Depuis la mort du dernier Nizam, en 1869, Salar Jang est le principal membre du Conseil de régence qui gouverne l'État au nom du Prince, qui n'a encore que onze ans[33].

Sir Salar Jang a été reçu à Windsor par la Reine, à qui il a offert un nazar en signe de dépendance. Ce qu'il y a de curieux, c'est que, bien que musulman et même schiite, tandis que le Nizam est sunnite, il a voulu voir Rome et le Pape en venant en Europe, et que Sa Sainteté l'a cordialement accueilli et l'a remercié de la protection que le Nizam accorde gracieusement aux catholiques d'Haïderabad. Sir Salar Jang, il faut le dire, est très-tolérant, car il protège les sectateurs de Zoroastre, qui sont au nombre de trois cents seulement dans les États du Nizam. Il les traite avec une faveur marquée, et il leur a confié des postes importants dans le gouvernement[34].

Pendant son voyage, le Prince de Galles a pu s'assurer qu'au milieu des nombreux dialectes provinciaux parlés dans l'Inde, l'hindoustani est généralement compris partout[35]. La même chose a été constatée par le savant professeur Monier Williams, car, dans une lettre qu'il m'a écrite à son retour de l'Inde, il me dit, au sujet de l'hindoustani : « Pendant ma tournée dans l'Inde, j'ai été extrêmement frappé de l'importance croissante qu'acquiert l'hindoustani. Il a même cours comme lingua franca de tout le pays beaucoup plus que je ne m'attendais à le trouver. Personne ne peut espérer se mettre en rapport avec le peuple de l'Inde sans connaître l'hindoustani[36]. »

« Il serait bien avantageux pour les missionnaires et pour tout le monde, dit le Rév. R. Caldwell[37], que l'hindoustani fût la seule langue usitée dans l'Inde, mais il n'en est pas ainsi, et sans parler de l'anglais, langue du gouvernement, du sanscrit, langue littéraire des Hindous, et du persan, langue littéraire des musulmans, il y a, outre l'hindoustani, vingt autres idiomes assez cultivés pour mériter le nom de langues. Toutefois, heureusement, l'hindoustani est parlé, et surtout compris un peu partout, mais on s'en sert spécialement (comme je l'ai dit bien des lois) dans le haut Bengale, dans toutes les Provinces nord-ouest et dans le Rajputana, peuplés de cent millions d'âmes[38].

On trouve, dans le Rapport pour 1875 de la « Société pour la propagation de l'Évangile dans l'étranger »[39], une carte de l'Inde relative aux langues qui y sont parlées. On y voit que l'hindoustani, soit urdu, soit hindi, occupe les provinces du centre, du nord et du nord-ouest, c'est-à-dire la très-grande partie de ce vaste empire ; et, à ce sujet, le Rév. R. Caldwell fait observer[40] que, bien qu'on considère généralement l'urdu comme distinct de l'hindi, il n'est en réalité que l'hindi musulman, c'est-à-dire avec un mélange de beaucoup de mots persans et arabes.

Voici maintenant un article sur l'hindoustani, écrit par un ami chaleureux de l'Inde, le faquir Chand, secrétaire de l'Anjuman de l'Arab sarâï de Dehli : « Beaucoup d'Anglais, et même la plupart d'entre eux, dit-il[41], se plaignent de ce que, généralement, les Indiens ne savent pas grammaticalement leur langue ; de plus, que, bien loin d'en apprécier la beauté et la richesse, ils la considèrent comme un composé vulgaire et sans valeur, parce qu'ils ne sont pas capables d'en comprendre la grâce et l'élégance. S'ils veulent s'occuper des langues, ils travaillent à l'arabe et au persan, et s'ils ont beaucoup d'application, ils abordent l'anglais. Que l'idée de s'occuper de l'anglais soit bonne on mauvaise, c'est ce que nous n'examinerons pas ; mais ce que nous pouvons dire, c'est qu'il n'y a pas dans le monde de langue plus riche que la nôtre, que nous n'en faisons pas le cas que nous devrions en faire, et que nous en méconnaissons l'importante. Or, il faut s'opposer à cette disposition, car l'homme doit, avant tout, s'occuper de sa langue ; c'est pourquoi je voudrais que, dans l'Anjuman de l'Arab sarâï, nous laissions route autre chose pour nous livrer à la science du langage, et il serait à désirer que les publications de la Société n'eussent que cela pour objet. Il faut donc, tandis que les Sociétés littéraires s'occupent d'autres matières, que la nôtre porte son attention spéciale sur cet article et y appelle celle de tout le monde, afin que ceux qui penseront comme nous nous adressent ce qu'ils écriront à ce sujet... »

On a appris, par ma « Revue » de l'an passé[42], que les cours de justice et les bureaux du Bihar, menacés d'être forcés d'adopter l'hindi au lieu de l'urdu, résistaient de leur mieux à cette prétention. Il paraîtrait néanmoins que l'hindi est sur le point de remporter la victoire sur son rival, si l'on en croit un journal[43] d'après lequel le gouvernement du Bengale, suivant les errements de Sir G. Campbell, a écrit au « High Court », qu'il était à désirer qu'on encourageât l'emploi de l'hindi dans les cours et les bureaux. Il souhaite qu'on accepte les pétitions écrites en caractères nagaris, et qu'on n'emploie plus que les formes communes du langage vulgaire. Le « High Court », selon le même journal, a tenu compte de cette recommandation, ce qui est un acheminement vers l'emploi exclusif de l'hindi.

« La calamité de l'introduction dans le Bihar du caractère nagari », tel est le titre d'un article [44] que je veux faire connaître :

« Le gouvernement du Bengale, y est-il dit, insiste maintenant pour que, dans les registres du Bihar, le nagari soit généralement employé, ce dont les magistrats et les fonctionnaires du gouvernement et tout le peuple sont très-mécontents On ignore pourquoi le gouvernement du Bengale, contrairement aux autres gouvernements, peut vouloir, malgré la population, donner l'ordre absolu de n'employer pour les billets et obligations que l'écriture nagarie et le dialecte hindi. La chose est vraiment étonnante, car quel rapport a le gouvernement avec les contrats particuliers des habitants, en sorte qu'il veuille s'y immiscer par force ? Certainement, il a le droit, pour ses registres et ses papiers, d'employer le caractère qui lui convient, mais les usages particuliers du peuple ne le concernent en rien. »

Voici qui est bien plus fort, et qui prouve que les révolutionnaires littéraires, démolisseurs de la civilisation moderne indienne, veulent continuer la campagne fanatique qu'ils ont entreprise contre l'urdu. Dans la province (ancien royaume) d'Aoude, où l'urdu a toujours été le langage parlé et écrit depuis plus de trois siècles et demi, c'est-à-dire depuis l'établissement de l'empire mogol, le commissaire du gouvernement s'est avisé de vouloir substituer à cette belle langue le patois hindi nommé kaïthî. Un journal indigène[45] nous apprend à ce sujet, et nous n'en sommes pas étonné, l'indignation et le mécontentement général de toutes les classes de la société, tant des fonctionnaires que des autres catégories de la population.

Je prends la liberté d'appeler sur cette grande injustice linguistique l'attention du vice-roi gouverneur et du ministre pour l'Inde. Dans tous les cas, le gouverneur d'Haïderabad n'entre pas dans cette voie facheuse, car il demande, par l'entremise de l'Awadh Akhbâr[46], des traducteurs d'ouvrages anglais en urdu, et il fait connaître les conditions de l'emploi.

Il n'y a pas chez les auteurs, et surtout chez les poëtes, l'antagonisme que j'ai souvent signalé entre l'urdu et l'hindi. Ainsi, nous voyons le même auteur écrire deux grammaires presque pareilles, l'une pour l'urdu et l'autre pour l'hindi[47]. Parmi les écrivains qui se sont servis tour à tour des deux dialectes, et qui sont à ajouter à ceux que j'ai mentionnés dans mon « Histoire de la littérature hindoustanie », on nous en fait connaitre un, entre autres, qui, à en croire son biographe[48], réunit toutes sortes de mérites : c'est l'aga Muhammad Sikandar Khan, qui descend du diwan Fath Ali, chef de Palanpur. Bien que musulman, « Sikandar apprit d'abord à lire et à écrire le dévanagari (l'hindi) ; il fit des dohâ et des chaupaï en cette langue, il s'occupa ensuite de musique et y acquit une grande habileté ; il apprit aussi le dessin, et y réussit de même ; il voulut enfin faire des vers urdus, et il étudia le persan. Aucune science ne lui est indifférente : il connaît la médecine et l'histoire. »

On veut européaniser non-seulement le style oriental, mais même l'écriture. « Dans quelques ouvrages et journaux urdus[49], on a commencé à employer les signes de lecture européens ; mais, soit à cause que ces signes sont tout à fait inconnus dans l'Inde, soit parce que les copistes hindous, n'en ayant pas l'habitude, ne peuvent les écrire comme il faut, et enfin, en troisième lieu, parce que ceux qui lisent les journaux ne les comprennent pas, ces signes sont connus sous le nom de kiré makoré (vers et fourmis). Il n'y a pas de doute qu'employer ces signes de lecture, s'ils étaient convenablement écrits et parfaitement compris, serait une bonne chose. Mais si l'on ne connaît pas bien tous ces signes étrangers et extraordinaires, ou s'ils ne sont pas écrits conformément aux règles, peut-il en résulter autre chose, si ce n'est que le lecteur fasse, en lisant, des fautes manifestes et qu'il conçoive un éloignement prononcé pour cette innovation ? »

II. Le rédacteur de l'Awadh Akhbâr[50] revient, dans les termes suivants, sur la rivalité des poëtes hindoustanis de Lakhnau et de Delhi, dont il avait parlé et que j'ai fait connaître dans ma précédente « Revue »[51]. « Bien des gens inattentifs, dit-il, demandent s'il y a maintenant à Dehli quelque chose de littéraire : Quels sont, disent-ils, les gens de science et d'intelligence qui y existent encore et de qui on puisse se glorifier ? Qu'est devenu le beau langage qui en recevait son nom[52] ? Selon nous, cette demande est injustifiable. Il faut confesser que parmi les auteurs récents, tels que le mufti Sadr uddin Khan, le Dr. Ahçan ullah Khan, le Dr. Munim Khan, le nabab Açad ullah Khan, Sahbayi, Zauc, Zafar, etc., il y a un grand nombre qui étaient parfaits et qui sont décédés ; mais de ceux qui sont vivants, combien n'y en a-t-il pas qui sont restés inconnus à cause de leur modestie ?… Dans ces derniers temps, il est aussi mort à Lakhnau bien des savants, dont le nom est en mémoire sur la page du siècle ; mais quant à ce qui concerne spécialement Delhi, cette ville a repris sa fraîcheur et sa verdeur, et, pour toutes ses beautés, elle ressemble au paradis élevé. J'ai employé cette expression parce que bien des gens, ayant appris ce qui est arrivé à cette ville, la croient en ruine et supposent qu'elle est en poussière. Les gens instraits savent que, dans les temps antérieurs, Delhi avait la prééminence sur l'Inde entière pour tous les progrès et toutes les excellences. Il en était, par conséquent, de même pour le langage ; et, afin de se renfermer dans ce qui concerne les vers et la prose, nons devons d'abord dire que la supériorité de Delhi pour la poésie est établie sans conteste. Maintenant, il faut voir les progrès qu'a faits la prose, et dont on pourra juger par les détails que je vais donner sur les auteurs habitants de Delhi, qui sont la gloire de l'Hindonstan et dont les ouvrages ont été appréciés dans toute l'Inde. Ce sont, entre autres :

« Le khwaja Aman, frère de feu Galib, auteur du Hadâyic ulanzâr et traducteur du Bostân-i khayâl[53] ; le maulawi Saïyid Abmad Khan, auteur de l'Açar ussanâdîd et de beaucoup d'autres ouvrages[54] ; le maulawi Nazir Ahmad, auteur du Mirât ul'arûs[55], du Taubat unnaçûh[56], du Banât unna'sch, du Mabâdî ulhikmat[57], etc.; le munschi Muhammad Zuka ullah, auteur du Tawarîkh-i Hind[58], etc. ; le maulawi Muhammad Huçaïn, professeur d'arabe, auteur de nombreux écrits[59] ; le maulawi Muhammad Mazhar ullah, auteur du Mazhar ulmazâmin « la Manifestation des significations diverses », etc. ; le nabab Ziya uddin Ahmad Khan, anteur du Muçallim ussabût « le Conservateur de l'évidence[60] » ; le nabab Ala uddin Ahmad Khan, anteur de plusieurs ouvrages et de divers commentaires ; le maulawi Ziya uddin et Ram Chandar, habiles professeurs l'un et l'autre[61] ; le maulawi Nusrat Ali[62], et enfin des centaines d'autres personnages dont, pour abréger, je ne cite pas les noms célèbres, et qui illustrent jusqu'à ce jour la ville de Delhi. Dans le petit nombre de ceux que j'ai indiqués, et qui sont généralement connus par leurs ouvrages en langue urdue, je n'ai pas mentionné bien des poëtes, des savants, des philosophes tels que le Dr. Mahmud Khan[63], le Dr. Muhammad Salim Khan, le munschi Muhammad Fakhr uddin, le maulawi Altaf-i Huçaïn, le mirza Curban Ali Beg, le maulawi Najaf Ali, auteur d'un commentaire sur les séances de Hariri[64]. Tons ces auteurs ont pour élèves des centaines d'hommes distingués dans les lettres, des médecins, des poëtes qui existent, mais il n'est pas possible de faire entrer dans cet exposé la mention de ces notabilités, dont un seul a écrit trente à quarante volumes. Il est donc fort à regretter qu'on fasse maintenant, sous le rapport littéraire, si peu de cas de Delhi ; que tant de productions parfaites qui sont répandues par l'impression dans toute l'Inde ne soient pas considérées comme elles devraient l'être, et qu'au lieu de centaines de gens distingués de cette ville et des environs qu'on pourrait citer, on ne mentionne le nom que d'un ou deux poëtes besogneux. »

Le plagiat est une des plaies de la littérature orientale ; les historiens se copient souvent textuellement ; les poëtes s'emparent des hémistiches, des vers, des pièces de vers et des ouvrages d'autrui. Il y a même des règles dignes d'Escobar pour les vols littéraires qui ne vont pas aussi loin. On y distingue le plagiat direct du plagiat indirect, le plagiat toléré et celui qui est formellement interdit[65]. Il y a des poëmes, par exemple, dont deux poëtes se disent auteurs sans qu'on puisse savoir au juste la vérité sur ce point, comme dans le cas particulier dont parle l'Awadh Akhbâr[66], qui a pris même pour titre d'un article publié à ce sujet un vers persan qui signifie : « Qu'il est hardi le voleur qui porte en sa main une lampe[67] ! » Il s'agit d'un poëte musulman nommée Gâfil (le munschi Tufaïl Ahmad), surnommé Sahswânî, et d'un poëte hindou nomme Gauhar (Guendan Lal), surnommé Badâwînî, qui, à ce qu'il paraît, avait mis son nom à un ouvrage du premier. Celui-ci trouva un jour ce volume chez un libraire ; il le prit, et alla porter plainte au tribunal de Badaun contre le plagiaire. Tous les poëtes s'intéressèrent naturellement à cette affaire, mais elle était assez difficile à juger. Comment prouver que Gâfil était le véritable auteur de l'ouvrage dont il s'agissait ? Ses vers avaient-ils une notoriété telle qu'on pût décider s'ils étaient réellement de lui ou de Gaubar ? Bien des poëtes peu connus ont pillé des diwans entiers à d'excellents poëtes, et se sont ainsi rendus célèbres eux-mêmes sans qu'on pût s'assurer s'ils étaient réellement les auteurs des vers qu'ils s'attribuaient. Ce qu'il y a de plus fâcheux, c'est que les cacidas de louange valent quelquefois à l'auteur une gratification de la part du prince qui en est l'objet, et on conçoit, dès lors, que le plagiat est d'autant plus coupable, puisqu'on prive ainsi l'auteur véritable de recevoir la récompense qu'un autre touche injustement… »

La fête du ta'ziya[68] est toujours célébrée dans l'Inde avec la plus grande solennité, et c'est à cette occasion qu'on entend chanter dans les rues et surtout dans l'endroit spécial appelé Karbala, du nom du lieu ou se passa la scène objet de cette fête funèbre, les nouveaux marsiyas[69] dus aux poëtes contemporains.

Voici ce que je trouve dans un journal indigène[70] sur une des processions qui ont eu lieu dernièrement à Lakhnau à cette occasion : « Le chilhum[71] est parvenu à sa fin. Le 20 de safar, après le coucher du soleil, le ta'ziya du nabab Mumtaz uddaula arriva au Karbala en grande pompe et solennité. Outre la réunion d'usage, il y avait une affluence extraordinaire de spectateurs. La clarté que donnaient les ifs à cinq branches produisait l'effet de la lumière du jour. On voyait sur un éléphant le magnifique ta'ziya et après lui les chevaux de main, la police armée et les soldats de la municipalité d'Aoude qui marchaient pas à pas. Ensuite venaient des porte-bannières, le cheval qui représentait le duldul d'Ali, les chanteurs de marsiyas, les gens de la maison du nabab et ses parents qui faisaient partie de la procession du deuil. Puis enfin on voyait le catafalque de Sakîna[72]. La réunion était si considérable que depuis le 'Aïsch-bâg (jardin du plaisir) jusqu'au Karbala il y avait comme une chaîne de pèlerins. Beaucoup de curieux s'étaient joints à ceux qui prenaient une part véritable au deuil, et cette manifestation était réellement imposante. »

Les marsiyas qu'on y chanta furent surtout, sans doute, ceux de Mirza Dabir, dont j'ai annoncé le décès l'an passé [73], et qui ont été publiés en deux volumes [74], dont le premier avait déjà paru, mais est aujourd'hui complété par le second. « Comment pouvoir, dit le rédacteur de l'Awadh Akbâr [75], faire de cette poésie éloquente l'éloge qu'elle mérite ? Ce n'est pas une exagération de dire qu'elle est le roi du climat de la pensée et comme le dieu du discours. Le fait est que chacun de ces marsiyas est un chef-d'œuvre d'urdu et un cahier d'éloquence. Jusqu'à la résurrection il n'y aura pas de poëte comme Dabir, qui est l'unique du siècle et l'objet de l'admiration générale. Et de même que Sahban chez les Arabes a été célèbre dans son temps et a surpassé tout le monde par son éloquence, en sorte que son nom est cité jusqu'à présent, de même le nom et les œuvres de Mirza Dabir resteront toujours. Tant à cause de la pureté de son langage que pour l'éclat de sa diction, les gens de l'Inde et surtout ceux de Lakhnau se feront gloire et s'enorgueilliront toujours d'avoir produit cet écrivain... Quand vous entendez réciter ses marsiyas, quelque effort que vous fassiez pour retenir vos pleurs, un océan de larmes coule de vos yeux ; votre cœur serait-il de pierre qu'il se dissoudrait... Si en Arabie Amrû'lcaïs a été reconnu comme le dieu de l'éloquence et Moténabbi comme son prophète, alors pourquoi ne pas mettre au même rang dans l'Inde les compositions de Dabir et d'Anis ? Quelque éloge qu'on fasse des écrits de Dabir, cet éloge sera inférieur à la vérité.

« C'est une bonne fortuite pour l'Inde que Mirza Auj, fils de Dabir, ait fait parvenir au directeur de l'imprimerie de l'Awadh Akhbâr tous les brouillons des marsiyas de son père, en sorte qu'aujourd'hui le désir de tout le monde est satisfait[76]. »

Les poésies érotico-mystiques sont toujours fort appréciées par les musulmans. C'est ainsi que le raïs de Muradabad a publié à ses frais le Dard-i dil « la Douleur du cœur », masnawi célèbre d'un poëte hindoustani fort connu, le maulawi Muhammad Abd urraschid Dard[77].

J'ai encore cette année à mentionner un nouveau Tazkïra imprimé à Lakhnau en 1875. Je veux parler du Sukhan-i Schu'arâ « les Discours des poëtes », biographie anthologique[78] par le maulawi Abu Muhammad Abd ulgafûr Khan, connu poétiquement sous le nom de Nassakh, élève de Wahschat (le maulawi Hafiz Raschid unnabi)[79]. On doit à cet éminent écrivain plusieurs autres ouvrages, un poème, entre autres, récemment publié aussi à Lakhnau sous le titre de Schâhid-i 'ischrat « l'Ami de la société (des femmes) » ; et l'Asch'ar-i Nassâkh « Vers de Nassakh », qui n'est autre chose qu'un de ses diwans[80].

L'érudit indianiste F. S. Growse prépare une traduction complète du

Râmayâna hindi de Tulcidas, dont j'ai donné le cinquième chant en français dans la première édition de mon « Histoire de la littérature hindoustanie », et il espère que son travail sera terminé avant la fin de 1876. « Cet ouvrage, ajoute le journal indigène qui fait cette annonce[81], est très-important ; tous les Hindous le lisent avec plaisir, et le nom de Tulcidas est si célèbre dans l'Inde, que grands et petits le connaissent. En outre, ce livre sert aux examens sur l'hindi. La langue des dohras[82] de Tulci est très-élégante, mais archaïque : c'est pour cela que les étrangers ont de la peine à la comprendre ; mais maintenant, au moyen de cette traduction, ils pourront s'en rendre facilement compte. » En attendant, M. Growse a publié dans « l'Indian Antiquary » de juillet dernier un intéressant épisode de ce célèbre poëme, et dans le journal de la Société Asiatique du Bengale[83], la traduction du prologue dont M. Blochmann[84] signale ce passage remarquable : « Il y a un Dieu sans passions, sans forme, incréé, âme universelle, esprit suprême, présent partout. Le monde est son ombre. Il s'est incarné, et a fait beaucoup de choses pour l'amour de ceux qui lui sont fidèles. »

Il est utile de faire savoir que le Râmayâna de Tulcidas n'est pas une traduction ni même une imitation de celui de Valmiki, mais un ouvrage distinct, quoique sur le même sujet, ce qui explique les points de ressemblance qu'il y a entre les deux poëmes.

Mr. Chatfield, directeur de l'instruction publique de la présidence de Bombay, a bien voulu m'envoyer un exemplaire de l'édition du Kabîr pada sangraha. J'ai parlé l'an passé[85] de cette collection, dont je ne trouve pas l'indication dans la liste que j'ai donnée des « Œuvres de Kabir[86]. » L'éditeur hindou de ce volume, le bawa Kiçandas[87], semble en annoncer un second, car celui-ci est intitulé Pahila bhâg « Première partie ». Il se compose de 223 pad et de 244 dohras ou vers composés de deux hémistiches comme le baït arabe. Les pad sont divisés en seize râg « modes musicaux », indiqués par leur nom dans la table des matières. L'ouvrage est précédé d'une préface de l'éditeur et d'une vie abrégée de Kabir.

Dés son retour dans l'Inde, le Dr. Leitner a publié à Lahore « The Travels of Guru Teg Bahadur and Guru Gobind Singh, translated from the original gurumukhi by Sirdar Attar Singh, chief of Bhadour ». Quoique ces voyages ne soient que des contes un peu enfantins, on y apprend que la religion des Sikhs est un mélange des idées hindoues, jaïns et bouddhistes. Quant à la haine qui s'y manifeste contre les musulmans, elle parait être le caractère propre des Sikhs, aussi bien que leurs dispositions guerrières, qui vont jusqu'à la cruauté. Le nom de Dieu est pour eux comme le Gange, qui lave toutes les fautes, excepté la fausseté et le mensonge.

Sous le titre de Mawa'iz-i Haïdariya « Conseils haïdariens », le maulawi Gulâm-i Haïdar Khan a récemment publié à Cawnpur un ouvrage urdu d'un style coulant et agréable, contenant de bons-avis d'une utilité générale et exprimés de telle façon qu'ils peuvent être lus avec profit par tous les Indiens, à quelque religion qu'ils appartiennent[88].

Le docteur Buhler a trouvé en Cachemyre un manuscrit du poëme hindi de Chand intitulé Prithi-raj Raçau « Histoire de Prithi-raj ». J'espère que ce nouveau manuscrit, ajouté aux trois copies qu'on possédait déjà pour l'édition qu'on avait commencée dans la Bibliotheca indica de ce célèbre ouvrage (sans compter les deux exemplaires qui en existent à Londres et qu'on pourrait consulter pour les passages qui offrent des difficultés), déterminera la Société Asiatique de Calcutta à continuer l'impression si désirée par les indianistes de cet important ouvrage, tant sous le rapport historique que surtout sous le rapport philologique. Quant au Granth, qu'on a montré au Prince de Galles à Amritsar, c'est l'Adi granth « le Premier Livre (le Livre des Origines) », que le Dr. E. Trumpp s'occupe de traduire, ainsi que je l'ai annoncé auparavant, et dont 800 pages, précédées d'une Introduction, sont déjà imprimées par la maison Austin, d'Hertford.

Mr. J. Beames nous a révélé un poëte ou plutôt un barde hindi inconnu jusqu'ici aux Européens. Il écrivait, vers 1650, à Nurpur, l'ancienne Dhaméri, et ses poésies forment un volume petit in-4° de 105 pages... Elles n'offrent pas une histoire suivie, mais des chants ou des rapsodies, comme les nomme Mr. Beames, à la louange du raja Jagat Singh, et dans lesquels il est fait allusion aux événements historiques de l'époque, sans qu'ils soient néanmoins décrits. On y voit ainsi, ce que racontent d'ailleurs les auteurs musulmans, que Jagat Singh se révolta contre le Grand Mogol Schah Jahan. Mr. Beames a donné[89] plusieurs pages du texte original de ce poëte, accompagnées de la traduction et de savantes notes explicatives. Quelques-uns de ces poëmes portent le titre de Siwaïya, expression que je n'ai pas indiquée dans mon « Histoire de la littérature hindoustani », mais qu'on trouve dans le nouveau ce Dictionnaire hindi » de J. D. Bate.

L'Arya Samâj « Société Aryenne », de Bombay, a formé le projet de faire traduire en hindoustani les textes originaux des Védas et des autres monuments de la littérature ancienne de l'Inde, utiles pour élucider la religion des Aryas[90].

Je puis enfin annoncer la publication complète en sept parties, formant deux volumes grand in-4°, du Yajur Véda, publié en sanscrit avec le commentaire hindi de Sri Vedarth Pradip Guirdhar Bhass, publié par Guiri-praçad, raja de Besma, et imprimé dans cette ville de 1872 à 1874[91].

En fait d'ouvrages sanscrits accompagnés d'une traduction hindie, nous avons encore le Bischn sahassarnâm aur tîka « les Mille noms de Wischnu et leur commentaire » en vers, in-8° de 86 pages, imprimé à Gujranwala.

Le penchant pour l'hindi et pour les caractères dévanagaris prenant de la consistance, on s'est mis, comme je l'ai déjà dit, à publier en ces caractères des ouvrages hindoustanis qui existaient auparavant en caractères persans. C'est ainsi que l'Awadh Akhbâr[92] annonce une traduction en hindi, caractères devanagaris, des « Mille et une Nuits » arabes, dont il existait déjà plusieurs traductions en urdu[93] ; qu'on annonce aussi une édition de Bakâwalî, sous le titre de Bakâwalî Suman « la Fleur de Bakawali », en caractères dèvanagaris[94], et une rédaction hindie publiée à Delhi[95] sous le titre de Suk Bahattri, des fameux Contes d'un perroquet, Tom lrahzîozîw, récemment publiés en anglais par le Rév. G. Small.

Ce qui vaut mieux, c'est que le goût pour l'histoire se manifeste décidément dans l'Inde. C'est ainsi que le khalifa Saïyid Muhammad Haçan Khan, grand vizir de Pattyala, a entrepris d'écrire l'histoire de ce pays depuis les temps les plus anciens.

Il parait que le célèbre ouvrage d'lbn Kbaldûn intitulé intitulé 'Unwân ul'ibar « Livre d'exemples », et plus connu en France sous le nom de « Prolégomènes historiques[96] », a été traduit de l'arabe en hindoustani. C'est du moins la conséquence d'un article du maulawi Saïyid Mahdi Ali d'Haïderabad du Décan, qui donne sur ce livre des renseignements à peu près conformes à ceux que fournit le texte arabe[97]. Nous y apprenons donc que et l'éminent historien, auteur de cet ouvrage, après avoir disserté dans ses prolégomènes sur la vérité dans l'histoire et sur la manière de s'en assurer, avait divisé son ouvrage en six parties, dont la première traite de la géographie, la deuxième des peuples sauvages, la troisième du khalifat et du sultanat, la quatrième des villes, la cinquième des arts et métiers, la sixième des sciences. Ces parties se subdivisent en plusieurs chapitres. Dans le chapitre premier de la première partie, l'auteur traite des différentes variétés de l'homme, de ses religions et de sa résidence naturelle dans les villes. Dans le deuxième, des sept climats ou divisions de la terre habitée, des fleuves, des rivières, etc. Mais le rédacteur fait observer que cette partie n'est guère que la reproduction de la géographie de Ptolémée ou pour mieux dire du Nuzlzal nlmuschtdzr « la Récréation du désireux[98] » que 'Ulwi[99] Edrîcî Hamûdi[100] composa pour Roger, fils de Roger, roi de Sicile. ; et qu'ainsi elle est défectueuse et imparfaite pour les temps actuels. Dans le troisième chapitre, l'auteur expose les effets de l'air sur la couleur des hommes et sur leurs habitudes. Il y discute cette grave question, et il pense que ce n'est pas au soleil seulement qu'est due la couleur noire, puisque les Esquimaux sont noirs ou du moins de couleur très-foncée, bien qu'ils ne voient pas le soleil pendant plusieurs mois, demeurant dans des souterrains ou l'air pur est inconnu. La nourriture non plus ne peut guère coopérer à la couleur de la peau, puisque les Chinois et les Japohais, qui se nourrissent des mêmes aliments que nous, ont la peau jaune ; et ce qu'il y a de remarquable, c'est que la couleur de la peau est héréditaire et se perpétue de génération en génération. Il y a cependant des exceptions : par exemple, les Hollandais et les Portugais qui se sont fixés depuis plusieurs générations dans l'île de Ceylan ne sont plus blancs comme leurs ancêtres, mais noirs ; et de même dans diverses contrées d'Amérique les individus de la race anglo-saxonne ont aussi éprouvé un changement de couleur. La pureté de l'air ou sa corruption influent beaucoup sur la couleur humaine. Ainsi les habitants des montagnes ont le teint plus clair que ceux des plaines, comme on peut le voir dans l'Inde, où les indigènes qui demeurent au bas des monts de l'Himalaya sont bien plus blancs que ceux des plaines. Il est aussi généralement évident que dans les pays où l'on se procure facilement toute espèce de nourriture, et de bonne qualité, les habitants ont une physionomie plus agréable et des mœurs plus douces, et que c'est au contraire dans les pays improductifs que l'on trouve des sauvages et des cannibales. Quatre choses différentes produisent donc les effets extérieurs dont nous venons de parler : 1° la terre ; 2° l'eau et l'air ; 3° la nourriture ; 4° les phénomènes de la puissance divine. Les habitants des pays dont le climat est bon sont bien portants, vigoureux et résolus. Si la terre porte peu de fruits, ils y suppléent par leur travail, que guide leur intelligence. C'est ainsi que l'Europe est arrivée à un progrès que rien ne semble devoir arrêter. Les anciens habitants de l'Hindoustan éprouvèrent l'influence du climat ; les musulmans même nouvellement arrivés subirent la même influence, au point qu'il est difficile de les distinguer des Hindous sous le rapport physique. Ils n'ont plus aussi, quant à leurs sciences, leur esprit et leur aptitude, la force et l'énergie qu'ils avaient d'abord. Ainsi c'est aux causes que nous avons indiquées que doivent être attribués les mœurs et les usages des nations ; ces causes sont persistantes, et il est bien difficile et même impossible de les changer. Dans l'Hindoustan, les esprits ont été émerveillés par les montagnes, les jangles, les rivières, les déserts qu'on y trouve ; les tremblements de terre et les autres phénomènes de la puissance divine y ont étonné et déconcerté à l'esprit de l'homme, mais les Indiens n'ont pas cherché à en comprendre les causes : ils ont au contraire donné cours à leur imagination, et ils ont admiré les choses étonnantes et merveilleuses dont ils étaient témoins. Chez les Grecs, la manifestation de la puissance divine était moins énergique ; aussi l'idée de la faiblesse et de la nullité de l'homme ne s'est pas développée chez eux comme chez les Hindous. Il en a été de même en Europe, où ces manifestations de la puissance divine, bien loin de donner cours à la fantaisie et à l'imagination comme dans l'Hindoustan, ont conduit à l'étude et au progrès. »

« Tout, ici-bas, n'est qu'un mirage. » C'est pour mettre en relief cette vérité que, sous le titre de Sarab-i hayât « le Mirage de la vie », le pandit Bachmir Nath, de Partabgarh, a publié en urdu un aperçu historique des grands écrivains anglais et indiens qui ont été malheureux[101]. L'auteur a entremêlé son récit de vers, soit originaux, soit traduits, et le maulawi Muhammad Haçan Nûr dit de lui « qu'il a égalé Samuel Johnson pour la prose, et que, pour la poésie, il est le Byron de l'Inde[102] ».

À l'imitation aussi de quelques écrivains européens, le munschi Kaschi Nath a réuni, sous le titre de Mazâmîn ulhaçaniya « Excellentes Sentences », des articles d'utilité générale qu'il avait publiés dans le journal d'Amritsar intitulé Waguîl-i Hindûstân[103].

Il a paru sous le titre de Najm ulamsâl « l'Astre des proverbes », un volume qui contient les proverbes et les dictons urdus employés habituellement dans l'Inde. « Ce livre[104] sera très-utile à « ceux qui aiment la langue générale 'âm de l'Hindoustan, et, quoiqu'il ne soit pas le premier qui ait paru sur cette matière[105], les amis de l'urdu pourront en retirer un grand avantage, car si les écrits de ce genre avaient plus de circulation, la langue hindoustani ne pourrait qu'y gagner en consistance. »

Le Zâd-i safar, wacîla-i zafar « le Viatique du voyage, moyen de réussite », a pour auteur le nabab Muhammad Umr Ali Khan, surnommé poétiquement Wahschî, chef du gouvernement de Baçuda, qui comprend trois districts situés à quelques stations du Bhopal. « Ce nabab, qui est un grand observateur, est aussi un excellent administrateur. Il ne passe pas son temps dans les divertissements et le plaisir, mais il s'occupe sans cesse du bien-être de ses sujets. Il est fort savant et sans égal comme écrivain en prose et en vers. Nous avons publié dans notre journal plusieurs de ses poésies, par lesquelles on peut juger de son mérite[106]. » Ce nabab a voyagé pendant deux ou trois ans, soit dans son gouvernement, dont il avait, pendant ce temps, confié la direction à son fils, le nabab Haïdar Ali Khan, soit ailleurs. Il visita, entre autres, Calcutta, Patna, Bénarès, Allahabad, Lakhnau, Agra, Dehli, Mirath, Lahore, Multan et d'autres lieux et pays célèbres qu'il décrit dans son ouvrage, donnant même les dessins des mosquées et des tombeaux dignes de mention. Voici les vers qu'il a consacrés à Bombay :

« Comment ne pas souhaiter de voir Bombay, cette ville dont la poussière fait honte au collyre de diamant ?

« Bombay est aujourd'hui un lieu de repos, ou les yeux et le cœur sont à la fois satisfaits.

« Après avoir parcouru toute la terre et l'avoir pour ainsi dire tamisée, on s'assure que Bombay doit être justement l'objet du désir de l'Océan.

« Comment celui qui a vu de ses yeux les roses printanières de Bombay pourra-t-il supporter le déclin de l'automne ?

« Après bien des jours, Wahschî est enfin parvenu à satisfaire le désir qu'il avait de visiter cette ville. »

Voici, au surplus, la liste des nouveaux ouvrages hindoustanis qu'il me paraît utile de signaler :

Sarab-i 'âlam-i asbâb « le Mirage du monde des affaires », volume de 100 pages, imprimé à Dehli, sur les personnages anglo-indiens et composé de douze chapitres, dont le dernier est consacré, on ne sait pourquoi, à Napoléon Bonaparte.

Façâna-i 'ajâïb « Récit de merveilles », explication du masnawi de Jalaluddin Rumi, livre qui n'a aucun rapport avec un ouvrage du même titre et appelé aussi Façâna-î ranguîn « Jolie Histoire », dont j'ai parlé dans mon « Histoire de la littérature hindouie et hindoustani[107]. »

Hâlat unnabî « la Position du Prophète », ouvrage hindi édité à Calcutta, par le maulawi Muhammad Kamil et le munschi Abd ulkarim ; in-8° de 296 pages, qui traite des prophètes depuis Adam jusqu'à Mahomet.

Jnyân-pradîp « la Lumière de la connaissance », mélanges hindis, publiés aussi à Calcutta, par le pandit Krischna Chanda.

Lûlî-nâma, petit diwan de harem, par Ahmadi, publié à Madras par Edward Balfour ; in-8° de 34 pages.

Dîwân-i Alam « le Diwan du nabab Muhammad Haçan Khan Alam[108], de Calcutta », en urdu.

Guldasta-i bazm-ârâ « le Bouquet qui orne la réunion », poëme urdu, par Farzand-i Ali.

Schaf' ul' alîl « la Guérison du malade », traduction du traité arabe intitulé Caul-i jamîl « la Bonne Parole, de Schah Wali ullah, de Dehli, par le maulawi Khurram Ali ; grand in-8° de 138 pages, célèbre traité de sufisme, imprimé à Cawnpur.

Abr-i Karam « le Nuage de la miséricorde (divine) », masnawi contenant une suite d'anecdotes en urdu sur l'amour de Dieu ; in-8° de 44 pages, imprimé aussi à Cawnpur.

Bâb-î nacîhat « Chapitre d'avis », collection de petits poëmes moraux écrits en urdu, bien que par un Hindou, le babu Ram-sarup ; in-8°, imprimé à Saharanpur.

Ratnâwalî nâtak, drame sanscrit d'Harsha Déva, traduit en hindoustani par le pandit Déva-datt. Allahabad, 99 p. in-8°.

Mahâbhârata, nouvelle traduction en prose hindie, par Krischna Chandra Dharmadhikari, de Bénarès ; 3 vol. gr. in-8°, Calcutta, 1875[109].

Prapannâmrit « Nectar des suppliants », par Badri-das, poëme in-8° de 282 pages, imprimé à Farrukhabad, version hindie d'un ouvrage sanscrit du même titre sur les aventures de Ramanuja, réformateur hindou de la secte des vaïschnavas, qui vivait, dans le douzième siècle, dans le midi de l'Inde.

Sakhâwat-nâma « le Livre de la générosité », conte en vers, par Schah Rahman, publié à Cawnpur.

Tazkîr-i gam « Peinture du chagrin d'amour », poëme, par Mast (le hakim Aschraf Ali)[110] ; grand in-8° de 24 pages, imprimé à Cawnpur, comme le précédent et les deux suivants.

Tazkîr ulaïwân « Mémorial d'architecture », poëme sur l'art de bâtir, par un architecte nommé Riyâçal 'Alî.

Siyaswayambar swâng « Choix d'un mari par Siya », drame de Nath Singh.

Satsaïsâr « l'Essence de Satsaï >>, sorte d'abrégé en vers hindis de cet ouvrage célèbre, mais assez obscur, par Chaubé Radha Krischna, imprimé à Agra.

Nacl-i majlis « Anecdotes de société », par Muhammad Aschic Ali ; Lakhnan, 1875, 46 p. in-8°[111].

Macâcid uzzâïrîn « les Buts des pèlerins »>, récit d'un voyage à Karbala, en Arabie, pour y vénérer les tombeaux d'Haçan et de Huçaïn, par Arschad ullah ; Lakhnau, 1875, 110 p.

Mîrâj ulmazâmîn « l'Ascension des significations », histoire des douze imams, ouvrage schiite, par Ismaïl Huçain, in-8° de 304 pages, imprimé à Lakhnau en 1875, comme les précédents et les suivants.

Guldasta-i Khandân « le Bouquet de famille », poésies diverses, par le munschi Munawar-i Ali.

Gulschan-i 'ischc « le Jardin d'amour », poëme de 273 pages in-8°, qu'il ne faut pas confondre avec plusieurs autres ouvrages de même titre mentionnés dans mon « Histoire de la littérature hindouie et hindoustani ». Celui-ci a pour sujet les Amours du prince Mah-lica et de la princesse Husn-ara, et il a pour auteur le khwaja Badschah Safir.

Muntakhab ultawârîkh « Abrégé des chroniques », traduction urdue de 545 pages de l'ouvrage persan qui porte le même titre, par Ihtischam uddin.

Tuhfat ul'auwâm « Cadeau au peuple », par Haji Haçan Ali ; réimpression en 154 pages d'un ouvrage mentionné sans nom d'auteur dans « l'Histoire de la littérature hindouie et hindoustani »[112].

Tilism-i façâhat « Le Talisman de l'éloquence », poëme de 181 pages, par Muhammad Huçain-jah.

Mufid ulinschâ « Ce qui est utile pour la rédaction des lettres », par le pandit Schiv Narayan[113] ; édition de Lakhnau, 1875, 46 pages in-8°.

Guldasta-î Ta'aschschuc « Bouquet de Taaschschuc », c'est-à-dire diwan ou recueil des poésies de Huçain Taaschschuc[114] ; ibid., 108 p.

Dâïra-i 'ulûm-i tab'yât « Cours (cercle) des sciences naturelles », par le bahu Lakschmi Schankar, professeur au collège de Bénarès. C'est la reproduction des conférences de l'auteur que le maulawi Saïyid Ahmad Khan avait inaugurées et qui ont été taites d'après les ouvrages anglais les plus estimés[115].

Faïz-i Nischân « l'Abondance du sentiment », titre du « Diwan » ou recueil des gazals, de Mirza Wala-jah Aschic ; Lakhnau, 288 p.

Bahr-i asrâr-i haquîcat « l'Océan des secrets de la vérité », traité mystique, par Sall-i Allah ; Lakhnau, 120 p.

Gulschan-i faïz « le Jardin de l'abondance », poëme de 96 pages, par Gulam Muhammad Khan[116].

Ganj-i tawârîkh « le Trésor des chronogrammes », en urdu et en persan, par Abd ulgafur Khan ; in-8° de 88 pages.

Strî-darpan « Le Miroir des femmes », rhétorique hindie pour les dames, par le pandit Madhava-praçad, 150 p. in-8°.

Kâvikulakahpatrâ « Traité de rhétorique », par Chinta Manu, 216 p. in-8°.

Schams-i faïz « le Soleil de l'abondance », poëme sur les amours du prince Schah Rukh et de la princesse Mahrukh, par Gulam Muhammad Khan ; in-8° de 236 pages.

Sangraha Siromani, grand traité d'astrologie de 536 pages, par le pandit Saraya-praçad ; Lakhnau, 1875.

Indarjâl « Magie céleste », talismans, amulettes, etc., par Mir Haçan, volume de 304 pages, imprime à Dehli, comme aussi les deux suivants.

Samudrik rekhâ « le Destin sur la main », ouvrage hindi, sur la chiromancie, de 40 pages in-8°.

Tuhfa-i tilismât « le Plus rare des talismans », par Abd urraçul Khan, 48 p. in-8°.

En fait de livres d'un caractère plus sérieux, je dois citer un ouvrage urdu sur la « science » ou plutôt sur la « philosophie de la médecine ('ilm-i tibb) », par le cazi Ilahi-bakhsch, d'Amritsar, où je remarque les chapitres sur l'air et la nourriture, le sommeil et le réveil, le repos et le mouvement ; puis :

Tabiyîn ussanâ'î « Explication des arts », par le maulawi Muhammad uddin.

Ma'dan ulhikmat « la Mine de la sagesse », grand traité de médecine en urdu et en anglais, publié par le saïyid Gulam-i Huçaïn, avec un vocabulaire des mots techniques ; in-8° de 499 pages.

Tahzîb Ihçâni « l'Hygiène d'Ihçan », par le hakîm Ihçan Ali.

Mufradât-i Razzâqî « les Médecines simples de Razzac », traduction en urdu, par Hacib uddin, de l'ouvrage persan intitulé Mufradât-i Naciri.

Ja'grafiya tab'î « Géographie physique », à l'usage des élèves du Madraçat ul'ulûm Muçalmanân, par le munschi Muhammad Zuka ullah, professeur de mathématiques au collège d'Allahabad. Cet ouvrage, à en croire l'Awadh Akhbâr[117], est un véritable chef-d'œuvre. L'auteur est déjà connu par plusieurs ouvrages. Ce fut lui qui, avec l'aide de feu Francis Taylor, traduisit en hindoustani ma « Notice des biographies originales des poëtes urdus[118] ».

Quiças-i Hind « Histoire de l'Inde », anecdotes tirées de l'histoire de l'Inde musulmane ; Lahore, in-8° de 170 pages.

Wâquî'ât-i Hind « Évènements de l'Inde », histoire complète de l'Inde ; Lahore, in-8° de 180 pages.

Kitâb ussa'âdat « le Livre du bonheur », leçons de morale, par Muhammad Ikram uddin, de Dehli.

Burhâpé nâma « le Livre de la vieillesse ». Sur les inconvénients de cet âge, par Nazir ; in-8°, imprimé à Delhi.

Quissa-i Haguîcat Râê, curieux ouvrage hindi, par Agra Singh, sur les persécutions des musulmans à l'égard d'un saint hindou nommé Haquicat Raé.

Jalwa-i tauhîd « Manifestation de l'unité divine », d'après le Bhagavat guîta, par Mul Chand ; in-8° de 32 pages, imprimé à Delhi.

Kaschf ulhijâb « Exposition de la réclusion », règles à suivre pour la réclusion des femmes, par Nizam uddin ; imprimé à Madras, in-4°.

Bahr ulhaquîcat « l'Océan de la vérité », poëme religieux, par Haçan ; in-8° de 68 pages, publié à Cawnpur.

Diwân-i Niyâz « le Diwan de Niyaz (Schah Niyaz Ahmad)[119] » ; grand in-8° de 68 pages, publié aussi à Cawnpur.

Tawârîkh-i Amérika « Histoire d'Amérique », par Lakschmandas, ouvrage publié sous les auspices de la Société littéraire de Delhi ; premier volume, de 249 pages, contenant l'histoire de l'Amérique depuis les temps les plus anciens jusqu'en 1498 de l'ère chrétienne.

Enfin, on annonce la publication à Lahore de la traduction des quatre ouvrages suivants, les uns en hindi, les autres en urdu : « Brain's Mental Science, Fowle's Logic, Taylor's Ancient History, Huxley's Physiology. ».

On trouve de temps en temps dans les journaux hindoustanis d'intéressantes pièces de vers. L'Awadh Akhbâr, par exemple, en donne entre autres du munschi Muhammad, dont le surnom poétique Ilahyâr « l'Ami de Dieu », composè hybride, n'a été pris par aucun autre poëte[120]. Ce même journal[121] donne, deux petits gazals « enchanteurs (jâdû racam) », dus au poëte « sans pareil (bé-nazir) » Taskhîr, intendant de l'ancien roi d'Aoude, Wajid Ali, et le même, probablement, que le Taskhîr mentionné dans mon « Histoire de la littérature hindouie et hindoustani » [122]. On y trouve enfin [123] des gazals du munschi Gulan-i Muhammad Khan, de Dehli, surnommé poétiquement Harrat « Liberté » ; de 'Aquil (Bhagwan-dayal) ; de Maschhadi (le munschi Saïyid Amir Ali), du Guzarate, auteur de plusieurs ouvrages, et du nabab Wali (souverain), de Rampur, qui a pris le surnom poétique de Nawâb (nabab) et dont le « Recueil de poésies » ou Dîwân a vu le jour [124]. Le Panjâbî donne fréquemment aussi des gazals hindoustanis. J'en remarque un [125] de Bascharat [126] et plusieurs pièces traduites de l'anglais par Muhammad Haçan[127].

Sous le titre de Gulkada-i riyâz « la Maison de rose des jardins », l'éditeur du Riyâz ulakhbâr[128], de Khaïrabad, annonce la publication d'un « Recueil de gazals » des poëtes contemporains les plus distingués, recueil auquel il a mis pour épigraphe un hémistiche hindoustani qui signifie : « Le printemps arrive après la saison d'automne », par allusion à la renaissance actuelle de la poésie urdue. Et, à ce propos, je dois dire que je n'ai plus rien trouvé dans les journaux indiens, au sujet des Muschâ'ara[129] spéciaux qui se tenaient sous les auspices du gouvernement à Lahore, mais qu'il continue a s'en tenir habituellement à Dehli, à Calcutta et dans les principales villes de l'Inde ; et c'est là que Nassakh a eu l'occasion de rencontrer un grand nombre des poëtes qu'il mentionne dans son. Sué-hmz-i schzfarrî. Le Tâj ulakhbâr [130] annonce, par exemple, qu'a Rampur, le muscha'ara se réunit le 14 de chaque mois. Dans la séance de juillet, à laquelle assistèrent des poëtes déjà connus, des omra, des officiers ou fonctionnaires du gouvernement et des débutants, on fut d'abord un gazal, fort applaudi, dû au souverain de Rampur même, puis un autre du munschi Amir (Amir Ahmad), suivi de la lecture de plusieurs pièces de vers jusqu'à minuit, lorsque le canon donna le signal de la retraite.

En fait de réimpressions, je signalerai celle du premier ouvrage du saïyid Ahmad Khan, l'Açâîr ussamâdîd et Histoire des anciens monuments de Dehli[131] », dont il y avait déjà eu à Dehli deux éditions, en 1849 et 1854. Cette fois, c'est à Lakhnau, et à l'imprimerie de l'Awadh Akhbâr, qu'il est réimprimé, les éditions antérieures étant épuisées. Puis la nouvelle édition des lculliyzil du célèbre poëte mystique urdu Schah Turab [132], qui se composent de son dixvan, de son masnawi intitulé 'Aschic o sanam « l'Amant et son idole à, et de beaucoup de lhzmzrî[133]. Je dois citer aussi la réimpression du Râmâyana de Tulcidas, sous le titre de Râm bilâs « Faits et gestes de Rama ».

Dans l'attachant petit volume intitulé « Lahore » et imprimé dans cette ville, nous apprenons que les bhats, appelés aussi mirâcî[134], tribu héréditaire de chanteurs à gages, font, entendre aux noces et aux autres fêtes et cérémonies quelconques des chants et des récits qui forment la littérature populaire du pays. Lala Bahari Lal, un des personnages les plus lettrés de Lahore, a composé un recueil d'hymnes destinées au Sat sabhâ « l'Association de la justice », société de réforme hindoue. On trouve un spécimen de ces hymnes dans l'ouvrage dont il s'agit et aussi quelques chants populaires contre les innovations anglaises.

Les ouvrages religieux, soit chrétiens, soit musulmans, sont toujours en très-grand nombre. Je ne cite ordinairement que les principaux, évitant surtout de mentionner les nouvelles éditions , mais je ne veux pas manquer de parler aujourd'hui de l'édition du Nouveau Testament en hindoustani qui fait partie du « Paragraph Bible » publié sous le patronage de la « Société des Traités et livres religieux » de Londres, par le Rév. R. C. Mather, ancien éditeur de « l'Ami de l'Inde », journal hindoustani de Mirzapur. Cet érudit missionnaire a été aidé dans la tache difficile de la correction des épreuves de cet ouvrage par son fils, Mr. Cotton Mather, professeur d'hindoustani au Collège royal des ingénieurs civils. Ce Nouveau Testament est enrichi de deux cartes, la première représentant la Palestine au temps de Notre-Seigneur, la seconde dressée pour l'intelligence des Actes des Apôtres. La traduction est accompagnée des parallèles, c'est-à-dire de l'indication des textes, soit concordants, soit explicatifs, de l'Ancien et du Nouveau Testament, et de notes pour éclaircir les passages obscurs ou qui ont besoin de développements. Chaque partie est aussi précédée de préfaces où sont traitées les questions qui peuvent donner lieu à controverse. Le texte est en hindoustani pur et élégant.

Je dois mentionner aussi les « Hymnes chrétiennes (Christian Hymns) » du munschi Schuja'at Ali, publiées par la mission baptiste, et le curieux ouvrage intitulé « The Arian Witness[135] » sur les témoignages hindous en faveur de l'histoire biblique, et des rudiments de la doctrine chrétienne par le Rév. K. M. Banerjea, savant Hindou converti au christianisme et devenu prêtre de l'Église anglicane. Banerjea maintient dans cet ouvrage que les Hindous aryens reconnaissent l'unité de l'espèce humaine ; il nous apprend qu'il a trouvé dans le Rig-véda le nom de Jéhovah ; il soutient, comme je l'ai fait il y a longtemps[136], que la doctrine dogmatique et l'histoire de Krischna, qui semble la même que celle de Notre-Seigneur, bien que défigurée par l'exagération et le sensualisme asiatique, n'ont été propagées que très-tard dans l'Inde et ne sont qu'un reflet lointain des prédictions apostoliques. Le Rév. Hindou soutient même que ce n'est pas avant le huitième siècle que Narada, qui avait eu une vision dans la « terre des blancs », reproche à Vyaça, d'avoir ignoré la gloire sans tache du Seigneur, de ne l'avoir pas célébrée comme il l'avait fait pour les cérémonies extérieures[137]. C'est dans le Narada pancharâtra « les Cinq Nuits de Narada », ouvrage écrit huit cents ans après Jésus-Christ, qu'on lit que Narada entendit une voix qui lui dit : « Laisse tes austérités, aie foi en Wischnu qui brise les fers du monde. » Banerjea fait observer que ce fut dans la terre des blancs que Narada prit ces idées, qu'il connut le Sauveur et qu'il le confondit avec Krischna, qui, sous le nom de Hari, représente, d'après l'étymologie sanscrite, « Celui qui efface (les péchés) ».

En fait de publications religieuses musulmanes, je me bornerai à mentionner les suivantes :

Tafsîr-i Curân « Explication du Coran », publiée dernièrement à Bombay par le maulawi Muhammad Salim[138].

Zîmzt ulcârî « l'Ornement du lecteur (du Coran) », par Muhammad lnâyat Ahmad. Règles pour la lecture régulière du Coran, grand in-8° de 96 pages, imprimé à Bombay (1).

Râh-i imân « le Chemin de la foi », catéchisme musulman, de 44 pages in-4°, par le maulatvib Muhammad Jafar, imprimé à Madras.

Akhbâr-i mzîtam « Nouvelles du deuil », par Muhammad Huçaïn, rècit schiite de la mort de Haçan et de Huçaïn, in-folio de 1266 pages, imprimé à Cawnpur.

Tahrîr uschschalzadataïn « Histoire de deux témoignages (martyres) » de Haçan et de Huçaîn, par le maulawi Waris Ali. Lakhnau, 1875, 104 pages (2). Le hakim Muhammad Nacir Ali a aussi publié à Lakhnau un ouvrage sur le même sujet, de 372 pages, qu'il a intitulé, d'après son nom, Nâcir uschschahadataïn « le Protecteur par les deux témoignages », et un poëme sur le mi'râj (ascension de Mahomet au ciel), sous le titre, encore d'après son nom, de Nâcir ul'aschiquîn en le Vainqueur des amants (de Dieu) ».

Sous le titre de Mi'râj-nâma ce Livre de l'ascension », le haji Camar uddin a publié aussi à Lakhnau un poëme de 56 pages sur le même sujet.

Kuhl ulbaçar « le Collyre de la vue » », • poëme sur la naissance de

Mahomet, par Muhammad Aschic Ali Tamanna, de 64 pages ; Lakhnau, 1875.

Hadïcat ulauliyzî ce le Jardin des saints (musulmans) », par Gulam Sartvar, de Lahore (3). Cet ouvrage contient des notices sur les schaikhs et les ulémas les plus respectables qui existent actuellement à Dehli, à Lahore et dans d'autres (1) J'avais indiqué cet ouvrage dans mon « Hist. de la littér. hind. », t. III, p. 401, mais sans en désigner l'auteur.

(2) Dans mon « Hist. de la littér. hind. », 2e édit., t. Il, p. 201, j'avais donné au titre de cet ouvrage un autre sens, et j'avais pensé qu'il était probablement écrit par Khurram Ali ; mais ce que j'ai dit doit être rectifié sous ce double point de vue.

Panjâbi du 13 mai 1876. villes du Penjab ; et aussi sur les lignées spirituelles des cadiriya, des nacschbandiya, des chichtiya, etc.

Quissa-i Halîma Sâdîca « Histoire de sainte Halima », nourrice de Mahomet ; in-8°, Cawnpur.

On sait que beaucoup de musulmans se font un scrupule de manger avec les chrétiens ; d'autres, plus libéraux, n'y voient, pas d'inconvénient, et c'est un de ceux-ci, Khan Ahmad Schah, qui a composé et publié à Lahore un traité ad hoc, intitulé Izhâr-i hacc « Manifestation de la vérité », en 32 pages in-8°.

Je ne cite généralement que par exception les livres élémentaires publiés, soit par les Indiens, soit par les Européens. Cette fois je vais d'abord, à l'appui de ce que j'ai dit bien des fois, que l'hindoustani est aussi usité au Bengale que le bengali et l'anglais, mentionner deux volumes dans ces trois langues, dernièrement publiés, savoir : le Bâkyârnab, « l'Océau des phrases », en urdu, en bengali et en anglais, recueil des phrases les plus usitées, par Anand Chand Mukerji (brochure de 16 pages) ; et le Punya khêtra parbba « Traité des lieux célèbres de pèlerinage », par Jaya Chandra Sen-das, aussi en hindi, en bengali et en anglais (116 pages).

Puis je dois citer Mufîd-i 'âm « l'Utile à tous », grammaire anglaise très-développée, terminée par une collection de vers des différents genres usités en hindoustani, par le saïyid Muhammad Nusrat Ali, auteur de nombreux ouvrages dont les titres sont annoncés sur la couverture du volume dont je parle, qui est un in-18 de 132 pages ; Delhi, 1873.

Chhand aur Pingala « Métrique et prosodie hindie », par Bikhari Lal ; 78 pages, Lakhnau, 1875.

Raschhât-i Safîr « Effusions de Safir », ouvrage de philologie grammaticale urdue ainsi appelé du nom de l'auteur, le saïyid Farzand-i Ahmad, de Belgram, surnommé poétiquement Safîr[139].

Masdar-i faïyûz « Source d'abondance », grammaire persane, en urdu, par Nazir uddin, de Labore, in-8° de 80 pages.

Ahçan ulcawâïd « la Meilleure des règles », autre grammaire persane très-développée, par le maulawi Najaf Ali Khan, de Bareilly ; in-8° de 276 pages.

Ca'ida-i urdû « la Règle de l'urdu », grammaire hindoustani, par Schams uddin, imprimée à Lahore.

« Petit Manuel français-hindoustani, avec vocabulaire et dialogues », par le Dr. H. Aurilac, in-12 de 119 pages.

Dans ma « Revue » de 1875, j'ai annoncé la mise au jour du premier fascicule du grand « Dictionnaire urdu » du Dr. S. W. Fallon, dont il est parlé avec de grands éloges dans les journaux indigènes[140]. Aujourd'hui je puis non seulement annoncer celle des deuxième, troisième, quatrième fascicules, mais une seconde édition retouchée du premier, ce qui prouve que le savant auteur s'occupe toujours sans relâche de ce travail colossal que j'espère voir arriver à bonne fin. J'ai la même espérance pour le Dictionnaire hindoustani-français qu'un de nos plus studieux et meilleurs élèves, M. F. Deloncle, a entrepris sous ma direction, encouragé par de hauts patronages et secondé par un éditeur intelligent.

J'avais aussi annoncé la prochaine publication de la « Grammaire hindie du Rév. S. H. Kellogg » ; la chose s'est réalisée, et l'auteur m'a bienveillamment envoyé un exemplaire de cette publication, qui est non-seulement une grammaire de l'hindi de Tulcidas, mais de celui qui est parlé en Marwar, à Kamaun, en Aoude, à Baghelkhand, à Bhajpur, etc. L'ouvrage est très-érudit ; le sujet est traité à fond, les légères différences provinciales sont ramenées, avec bonheur, aux formes régulières, et leur unité est démontrée ar la syntaxe. Ce travail magistral est complété par une prosodie hindie, chose très-essentielle, car les textes originaux hindis sont généralement en vers ; et les vers y sont réglés par la quantité des syllabes, comme en sanscrit, en grec et en latin, et non simplement par le nombre des lettres, comme dans la prosodie arabe, si ce n'est qu'ils sont rimés, à l'imitation des langues de l'Orient musulman.

Un ouvrage qui confirme les idées du Rév. Mr. Kellogg, c'est l'édition critique accompagnée de notes savantes que Mr. Frédéric Pincott a donnée du drame de Sakuntala reproduit en hindi par Kunha Lakschman Singh, et publiée à Calcutta il y a quelques années dans le Gutka ou à « Hindi Reader[141] » du bahu Siva-praçad, mentionné sous son surnom poétique de Wahbî dans mon « Histoire de la littérature hindoustani[142] ». J'ai donné moi-même dans la « Chrestomathie hindouie et hindoustani », publiée sous ma direction par M. Éd. Lancereau, le texte, et ailleurs la traduction[143], de l'histoire originale de Sakuntala d'après le Mahabharata.

On annonce aussi la prochaine publication d'une grammaire de l'hindi oriental (A Grammar of the Eastern hindi), c'est-a-dire de la langue vulgaire de l'Hindoustan de l'est et du Bengale de l'ouest, par le Rév. A. F. R. Hoernle. On pourra donc connaître maintenant à fond le dialecte hindi, qu'il est aujourd'hui de mode de mettre en relief au détriment de l'urdu, de même que dans le midi de la France les félibres le font pour l'ancienne langue d'oc, préférant même se servir de ce dialecte qui change a tous les villages, plutôt que d'employer la belle langue française fixée par les grands écrivains des siècles de Louis XIV et de Louis XV.

Quant aux ouvrages qui, se rapportant à l'Inde, ont nécessainement trait aussi a lajangue dont je m'occupe ici, je ne dois pas manquer de citer les « Notes of an Indian Journey » de M. Grant Duff, dont j'avais parlé l'an passé, à l'avance[144]. Elles ont paru, et elles confirment l'opinion favorable que j'avais émise sur ce savant et intéressant écrit, qui est enrichi d'une carte des pays que cet homme d'État distingué a parcourus avec intérêt pour lui-même et pour ses lecteurs.

Je ne veux pas non plus oublier de mentionner le magnifique volume orné de belles illustrations, photographiées sur les tribus et les monuments des « Nilguiris »[145], par feu J. W. Breeks, édité par sa veuve, et dont un exemplaire m'a été généreusement envoyé par le secrétaire d'État pour l'Inde par l'entremise de l'honorable Mr. Forbes Watson, directeur de « l'East India Museum ».

Sur les confins des Provinces nord-ouest de l'Inde, on parle différentes langues. Il est difficile aux officiers du gouvernement anglais de les savoir toutes ; aussi ceux qui sont employés dans ces parages y renoncent-ils et ne rêvent-ils que leur changement. Pour obvier à cet inconvénient, un officier anglais a publié un Recueil des phrases les plus nécessaires et dont l'emploi est forcément fréquent, en anglais (avec la prénonciation figurée pour les indigènes), en hindoustani, en persan et en puschtou, et cette publication est recommandée par l'Awadh Akhbâr[146].

III. « Il n'y a pas longtemps, dit le Panjâbi[147], que l'Hindoustan, qui est un pays immense et qui fut jadis le berceau de toutes les sciences et de tous les arts, était appelé « contrée ténébreuse »... Mais maintenant que depuis un certain temps les journaux y sont en circulation, le progrès qui éclaire le monde s'y manifeste. Ainsi, bien que la lumière primitive et l'éclat antérieur ne lui soient pas revenus, néanmoins ces temps-ci valent mieux que les temps dernièrement écoulés. Par l'effet des journaux, une certaine instruction s'est répandue dans toute l'Inde, qui, au lieu d'être appelée contrée ténébreuse, c'est-à-dire terre d'ignorance, pourra être nommée à juste titre terre lumineuse, parce qu'au moyen du flambeau des journaux, le peuple sort en effet des ténèbres de l'ignorance et va s'abreuver à la fontaine de la science et de l'excellence qui conduit a l'amélioration des mœurs...

Maintenant des journaux de toute espèce, hindoustanis, anglais, persans et arabes[148] sont répandus dans ce pays. À mesure ne le nombre des journaux augmente, l'instruction fait des progrès et devient plus générale. Il est donc à espérer que dans peu de temps l'Hmdoustan sera à l'unisson des pays d'élite. Que d'avantages ne résultent pas des journaux ! C'est par eux que chaque jour des arts et des inventions extraordinaires sont dévoilés, que des dispositions politiques, que des questions ingénieuses, que des discussions scientifiques, que des déductions rationnelles sont manifestées aux gens d'esprit qui réfléchissent et qui s'appuient sur la raison et sur l'expérience. La situation des pays étrangers, leurs mœurs et leurs usages, qu'on ne peut connaître en parcourant des livres pendant toute la vie nous sont connus par une seule feuille de journal. Les journaux peuvent faire l'office d'un conseiller bienveillant ; par leur moyen, la réforme du pays est possible. Cette contrée jouit de la sécurité et de la tranquillité dans laquelle la liberté de la presse existe ; dans le pays au contraire où il n'y a pas de journaux, les sujets ne sont jamais tranquilles. Au moyen des journaux le gouvernement sait ce que pensent les sujets, et ceux-ci connaissent les dispositions, du gouvernement. Les avantages des journaux sont incontestables... »

Le 'Alîgarh Akhbâr[149] loue beaucoup le lieutenant gouverneur du Bengale, sir Richard Temple, de son bon vouloir relativement aux journaux indigènes. Il fait observer avec raison qu'il faut distinguer les critiques bienveillantes des critiques malveillantes. « Le gouvernement peut profiter, dit-il, des premières et en être même reconnaissant, car les opinions indépendantes sont utiles à connaître et, méritent de la considération. Il y a quelquefois même à profiter des critiques malveillantes, car souvent cette malveillance apparente cache une intention favorable au gouvernement. Le lieutenant gouverneur est persuadé de la justesse de ces réflexions, et il est disposé à y appliquer son attention. Si les journaux étaient toujours favorables au gouvernement, on pourrait croire que c'est par crainte et que le mécontentement renfermé dans le cœur n'ose se manifester, au lieu qu'en les exprimant les journalistes viennent en aide au gouvernement. Alors, lorsque les journalistes louent l'administration sur une mesure qu'elle prend, on ne peut douter qu'ils ne soient sincères. Le lieutenant gouverneur voit avec plaisir que les Indiens sont attachés au gouvernement anglais et qu'ils le préfèrent à tout autre gouvernement européen, spécialement au gouvernement de la Russie, qui semble s'avancer vers l'Hindoustan. L'appréhension que les indigènes paraissent avoir d'être un jour sujets de cet immense empire est une preuve de leur amour pour l'Angleterre, qu'ils savent être plus libérale, et sous la domination de laquelle leur position, leur fortune, leur honneur, leur religion n'ont rien à craindre. »

Depuis environ quarante ans on publie des journaux dans l'Inde ; maintenant ils sont très-populaires, et pour me servir de l'expression d'un de ces journaux[150], « ils vont de rue en rue et de maison en maison ».

Le Panjâbî[151] constate que le nombre des journaux hindoustanis s'accroît toujours, et il regrette en même temps la tendance que paraît avoir le gouvernement de restreindre la liberté de la presse en interdisant aux fonctionnaires du gouvernement d'y donner des communications. Il fait observer que les journaux écrits en anglais ont beaucoup plus de facilité pour connaître les nouvelles ; et que priver les journaux indigènes des moyens de se les procurer leur ôterait tout intérêt. Il est avantageux pour le gouvernement même de connaître l'opinion des natifs sur ses actes, et comment la connaîtrait-il si la presse n'était pas libre ? Il faut donc espérer qu'on ne retirera pas ce qui a été accordé depuis si longtemps.

Le Jâm-i Jamsched[152] se plaint du peu de cas que les journalistes anglais paraissent faire des journalistes indiens, attribuant à mal leurs meilleures idées. « Ces journaux, dit-il, qui se flattent d'être le véritable thermomètre[153] du progrès et de la décadence, dénient cet avantage aux journaux indiens, mais les journaux de l'Hindoustan se moquent de leurs railleries. Ils ont secoué leur insouciance et leur paresse, et ils profitent de la liberté que le gouvernement leur laisse ; ils disent franchement ce qu'ils pensent, réfutant les accusations injustes dont ils sont l'objet, telles que celles de soutenir les rajas hostiles au gouvernement et d'être même payés par eux pour prendre leur défense dans l'occasion, ce qui est d'autant plus faux que les rajas et autres chefs indiens ne tiennent aucun compte de ces journaux et ne les lisent même pas. Le fait est que les journaux indiens ressemblent tout à fait aux journaux anglais, et qu'ils sont aussi indépendants, mais moins énergiquement. On peut les comparer à une épée un peu émoussée, et les autres à une épée tranchante. Au reste, les pauvres rajas indiens ont une peur effroyable des journaux anglais ; ils les craignent plus que le vice-roi lui-même ; et s'ils veulent les réfuter au moyen des journaux indigènes, rien n'est plus juste. Le gouverneur général ne dit plus, comme autrefois, aux rajas : Nous vous ferons descendre de votre trône ; mais les journaux anglais, comprenant d'avance les mesures qu'on sera forcé de prendre, font entendre des menaces. La crainte qu'ont donc les natifs des journaux anglais n'est pas vaine. C'est ainsi qu'ils réfutent les articles hostiles et font parvenir leurs observations au gouvernement. Les journalistes anglais devraient considérer les journalistes indiens comme des confrères, et vivre en bonne harmonie avec eux, comme les deux yeux d'un même visage. Sans cela, les Indiens useront de représailles, et on ne pourra les en blâmer. »

Il y a en Hindoustan, dit l'Awadh Akhbâr[154], différents genres de journaux : 1° les journaux anglais, dont les éditeurs sont Anglais et considèrent comme un devoir de soutenir en tout les idées anglaises ; 2° les journaux rédigés par les écrivains indiens, où les nouvelles sont données en hindoustani, en persan, en bengali, en mahratti, en anglais, etc. Ces derniers journaux, bien qu'écrit en différentes langues, ne forment qu'une même catégorie parce que leur but est le même, c'est-à-dire qu'ils ont en vue l'amour de leur pays, la défense des pauvres indigènes, parmi lesquels ils veulent introduire des améliorations, et que, sans se départir de bon vouloir pour le gouvernement, ils prêchent une sage liberté, et se plaignent lorsqu'il y a déni de justice. Quoique maintenant la liberté de la presse ne soit pas complète, nous devons profiter de la latitude qui existe et demander que Dieu la maintienne. Les journaux urdus et hindis, persans et arabes, et les journaux anglais dont les éditeurs sont indiens, aiment vraiment leur pays et aussi le gouvernement anglais, auquel ils donnent beaucoup de force en le soutenant avec indépendance. Au contraire, les journaux anglais dont les rédacteurs et les correspondants sont européens, s'intéressent peu au bien-être des Indiens, et, en donnant leur avis sur la situation de ce pays, qui leur est étranger, ils émettent beaucoup d'idées fausses. C'est précisément à cause de cela que les journaux indiens agissent avec liberté pour donner de bons avis, car ils se rendent bien compte des mauvaises idées qu'on peut avoir. Ainsi, les journaux anglais sont hostiles à notre liberté de la presse par jalousie, et ils sont d'avis qu'il faut nous en priver. Toutefois, le gouvernement n'avait jamais fait attention à ces insinuations, si ce n'est en dernier lieu ; mais on est habitué à la liberté des journaux indiens, et elle subsistera, comme l'annonce le Times de Bombay[155]. »

Le 'Alîgarh, Akhbâr[156] dit de son côté : « Depuis quelque temps, nos journaux craignent qu'il ne soit adopté à leur sujet un nouveau règlement. Ils disent que si la chose a lieu, les mains et les pieds des journalistes seront désormais liés, et qu'ils ne pourront rien, écrire qui ne soit agréé par le gouvernement. Cette gêne sera pareille à celle qui existe en Russie pour les journalistes. On dit même que dans cette affaire le silence des fonctionnaires est de mauvais augure. On assure que le duc d'Argyle, nommément, se plaint de la hardiesse des journaux hindoustanis, et que ses subordonnés disent que, s'il n'y en avait pas, l'Inde serait un paradis pour les fonctionnaires de l'État. Ces journaux, en effet, épluchent la conduite de ces fonctionnaires, et, naturellement, ceux-ci sont mécontents. Quelques-uns de nos contemporains annoncent que le gouvernement est disposé a éteindre les lumières de l'Hindoustan et à y répandre partout les ténèbres ; mais nous pensons qu'il n'y a pas de crainte à avoir à ce sujet. Si nous savions que cette appréhension eût quelque fondement, non-seulement nous nous plaindrions hautement, mais nous démontrerions les inconvénients de la censure sur les journaux dont on nous menace ; car si on nous privait de la liberté de la presse, l'avantage que le pays retire des journaux serait anéanti. Si les journaux n'existaient plus dans l'Inde, le gouvernement ferait tout ce qu'il voudrait, et il n'y aurait personne pour montrer au doigt ce qui pourrait être défectueux. Toutefois, comment les Anglais aimeraient-ils les restrictions dont on parle et permettraient-ils de les établir ? Nous sommes donc certains que cette mesure n'aura pas lieu, et qu'aucun changement ne sera apporté à la liberté des journaux. »

Malgré tout ce qui précède, il est très-vrai que le gouvernement songe à imposer une censure modérée aux journaux indigènes, qui abusent quelquefois, il est vrai, de la liberté dont ils jouissent[157].

En Cachemyre, la presse est libre, car le premier ministre du maharaja l'a déclaré à un de ses employés qui se plaignait à lui d'un article du Tuhfa-i Kaschmir[158]. Ce qui est certain, c'est que, ainsi que l'a dit Mr. C.-W. Leitner[159], « lorsque l'Orient aura les journaux à bon marché (libres, cela va sans dire) et des chemins de fer, pourvu qu'il n'imite pas servilement l'Occident dans ses réformes, il reprendra certainement la position que, grâce au génie naturel de ses peuples, il avait autrefois. »

Voici la liste par ordre alphabétique des nouveaux journaux hindoustanis :

Aïna-i tibâbat « Miroir de la médecine », journal de médecine en urdu et en anglais, publié par le schaïkh Imam uddin, à Agra.

Aschraf ulakhbâr « le Plus noble des journaux », journal politique de Dehli.

Bakr-i hikmat « l'Océan de la sagesse », journal mensuel de médecine parle Dr. Rahim Khan, publié à Lahore.

Bombay Gazet (Gazette), cité dans l'Awadh Akhbâr du 2 janvier 1872.

Câcid-i Patna « le Courrier d'Azimabad ou Patna », cité dans la Saïantifik d'Aligarh.

Farhat ulahbâb « la Joie des amis », journal de Bombay, rédigé par le munschi Muhammad Ala uddin, contenant des articles de morale, d'histoire, de géographie et les nouvelles courantes. Il est hebdomadaire et paraît tous les vendredis.

Ganjîna-i cawânîn-i Hind « Trésor des règlements de l'Inde », journal mensuel de droit, publié à Lahore.

Ganjîna-i Nazâïr « Trésor des notables », sorte de « Bulletin des lois », publié à l'imprimerie du Koh-i nûr de Lahore, depuis le Ier janvier 1876. C'est la traduction de l'« Indian law Report ».

Guldasta-i schu'arâ « le Bouquet des poëtes », recueil mensuel de poésies urdues qui parait à Lakhnau.

Hîndû bândhawa « Parenté hindoue », journal mensuel religieux (brahmaïste) en hindi et en urdus, par le pandit Schiv Narayan, publié à Lahore.

Jabatpûr samâchar « Nouvelles de Jabalpur », journal mensuel de Bénarès, hindi et anglais, publié par le babu Krischan Rao[160].

Jnyân prakâsch « Manifestation de la science », journal hindi de Pouna.

Jam' ulahkâm « Réunion des ordonnances », journal urdu, de Lakhnau, publié bi-mensuellement par l'« East Indian Association ».

Jawâïb ulakhbâr « Nouvelles des journaux », journal mentionné dans l'Awadh Akhbâr du 16 août 1876.

Kâyast dharm-prakâsch « Manifestation de la loi pour les Kayaths », journal bi-mensuel qui contient les actes de la Société religieuse des Kayaths de Lahore.

Manba' ulahkâm « Source des décisions », journal mensuel contenant les jugements des tribunaux nommés et high courts ».

Maryâdâ paripati samâchar « Nouvelles relatives aux anciens usages hindous », journal mensuel d'Agra, hindi sanscrit, par le pandit Durga-praçad Schakl[161].

Mirât uttibâbat « Miroir de la médecine >> , journal mensuel d'Amritsar, par le Dr. Chitan Schab.

Murâçala-i Kâschmîr « Correspondance du Cachemyre », journal mensuel urdu publié par des pandits de Cachemyre.

Mukhbir-i Surûr « le Nouvelliste du contentement », journal hebdomadaire de Bombay dont l'éditeur et le rédacteur en chef, le haji Maula-bakhsch, habile en arabe, en persan, en anglais, etc., peut au besoin faire des traductions en urdu des journaux guzaratis et des journaux turcs de Constantinople, et donner son avis sur toutes les questions du jour.

Nît prakâsch « Manifestation de la morale », riçâla (brochure) hebdomadaire publiée depuis 1875 à Ludhiana par le munschi Kanhaïya Lal, dans le but de réveiller le zèle des Hindous pour leur religion.

Prayâg dharmâ-prakâsch « Guide religieux d'Allahabad », journal mensuel hindi et sanscrit, par le pandit Siv Ralchan. Serait-il le même que le Prayâg dût « le Messager d'Allahahad », mentionné dans ma « Revue » de 1871, page 30 ?

Rahbar-i Hind « le Guide de l'Inde » », journal de Jalindhar. On y trouve, entre autres, contre les tribunaux anglais un article de critique qui a été reproduit dans le 'Alîgarh Akhbâr du 12 novembre 1875.

Riçâla-i Anjuman-i muzâkara-i 'ilmiya « Mémorial scientifique », publication mensuelle du « Literary Club » de Patna. Ce journal est rédigé par le saïyid Muhammad Abu Saïd, secrétaire de la Société.

Riçâla-i Anjuman-i tahzîb-i Kânpûr « journal mensuel de la Société d'amélioration de Cawnpur ».

Rîyâz ulakhbâr « le Jardin des nouvelles », de Khaïrabad.

Safîr-i Bûdhâna « le Messager de Budhana », nouveau journal urdu, publié à Budhana, ville du district de Muzaffarnagar, dans les Provinces nord-ouest, mentionné dans le Panjâbî du 21 octobre 1876.

Sakal sambodhini patrika « Feuille de toutes les connaissances », journal mensuel religieux et littéraire en hindi, par Santokh Singh, publié à Amritsar.

Satya Mitra « le Vrai Ami », journal de Bombay.

Tuhfa-i Kaschmîr « Cadeau du Cachemyre », journal fréquemment cité dans l'Awadh Akhbâr.

Urdû Akolah Akhbâr « journal urdu d'Akolah ». Le Panjâbî loue la rédaction de ce journal, qui paraît depuis peu de temps dans Akolah, ville située dans le Berar et qui fait partie des domaines du Nizam.

On annonce aussi un nouveau journal publié, à ce qu'il paraît, par des convertis hindous, sous le titre de The Aryan, dans le second numéro duquel on trouve un article remarquable sur « la foi et la pratique », sous le point de vue hindou (« Faith and practice as viewed by the hindoo mind »).

Il est à désirer que ce journal serve de lien entre les idées européennes et celles de l'Inde, surtout pour ce qui concerne la religion[162].

Le Câcîm ulakhbâr « le Distributeur des nouvelles », dont j'ai parlé dans mon « Histoire de la littérature hindoustanie[163] », a pour propriétaire et directeur Muhammad Cacim Khan, qui a donné son nom au journal.

Le journal hindoustani intitulé Tâj ulakhbâr[164] de Rampur, « la ville de Rama, » nommée par les musulmans Mustafa ahad « la ville de Mahomet », paraît tous les jeudis. Chaque numéro se compose de 16 pages sur deux colonnes. Il est édité par l'aga Ali Naqui, surnommé poétiquement Ganî[165], ce qui suppose qu'il est poëte. Le premier numéro de la nouvelle année 1878 commence par un vers de circonstance qui signifie :

« Comment les belles aux joues de rose du siècle ne seraient-elles pas changeantes, puisque l'année change et que le monde éprouve une innovation ? »

L'éditeur du Nâcir ulakhbâr de Delhi[166], qui envoie ce journal aux gens du gouvernement à qui il suppose qu'il peut être utile, se plaint de ce que « l'administration ne souscrit plus, comme du temps de sir William Muir, aux journaux hindoustanis. À cette époque, on en achetait cent à deux cents exemplaires pour les magistrats et les officiers quelconques du gouvernement, qui étaient ainsi tenus au courant de ce qui se passait. Au lieu de vingt-cinq mille roupies qu'on employait à cet effet, on n'en emploie plus que dix mille ; aussi ces journaux languissent-ils. Si chaque présidence souscrivait au moins pour cinquante ou cent exemplaires de chacun de ces journaux, il en encouragerait ainsi la publication et s'assurerait même de leur sympathie. Il est à désirer que les directeurs des journaux adressent, une demande collective au gouverneur général de l'Inde pour obtenir l'ancienne souscription, et probablement il y ferait droit, car la science est préférable à l'ignorance. Les journaux sont comme des arbres qu'il faut arroser et préserver du vent de l'automne, afin qu'ils donnent des fleurs et des fruits et procurent ainsi l'agrément et l'utilité. »

Le Jarida-i rozgâr « Feuille du temps », journal de Madras, qui, ainsi que je l'avais dit dans ma dernière « Revue »[167], avait été fondé à l'occasion de la visite du Prince de Galles, n'a pas manqué de rendre un compte exact de tout ce qui s'est passé dans cette circonstance. Dans un numéro que j'ai eu sous les yeux[168], on voit le portrait de Son Altesse Royale en costume de franc-maçon, et on lit des détails sur la réception qu'on devait lui faire à Madras.

L'Awadh Akhbâr, fondé il y a dix-huit ans, n'a paru pendant quatorze ans qu'une fois par semaine, puis il a paru pendant quatre ans deux fois, et depuis l'an passé il paraît trois fois ; mais bien des Indiens voudraient qu'il fût publié quotidiennement, afin que les articles sur la civilisation, sur la politique, sur l'administration, toutes les nouvelles publiées dans les journaux anglais et les articles même hostiles aux indigènes pussent y être traduits régulièrement en hindoustani. Le propriétaire du journal le désirerait aussi, mais avant de s'y décider il voudrait s'assurer de cinq cents, nouveaux abonnés.

Manzur Ahmad, de Farrukbabad, demande à ce sujet[169] s'il est en effet convenable que ce journal paraisse tous les jours, ou si on ne pourrait pas se borner à le publier quatre 62....

fois par semaine, le vendredi, le dimanche, le ma1•di et le jeudi, en attendant qu'on puisse le faire paraître quotidiennement, ce qui serait sans doute désirable, car'aucun autre k journal de ceux qu'il connaît de Constantinople, d'Égypte, de Perse et de tous les coins de l'Hindoustan, en urdu, en persan et en arabe, ne lui paraît à la fois plus développé et plus agréable à lire que l'Awadh Akhbzîr. Quoi qu'il en soit, 1•ien n'a été encore changé au journal dont il s'agit, e'til con- • tinue à paraître trois fois par semaine, c'est-à-dire le vendredi, le dimanche et le mereredi ; et son ancien et habile éditeur, le munschi Gulam-i Muhammad Khan, en a repris la direction.

Le Gmzjîmz-i Nazâïr, ai-je dit, est une sorte de « Bulletin des lois ». En etlet, d'après un acte de 1875, les décisions du Privy Council > » et du « High Court » sont publiées men-, ' usuellement à Calcutta en un 1•ecueil spécial depuis le commencement de l'année actuelle. Or, le propriétaire de l'im- • R primerie du Koh-i mir de Lahore, encouragé par beaucoup de magistrats, en donne, sous le titre ci-dessus indiqué, une • C j traduction en urdu dans la forme du 6072}-'ll schaïgzîn (1), en faveur des indigènes qui veulent connaître les lois et les règlements de uleur pays.

Lïschrafyîlakhbâr. Bien que ce journal soit tout nou-C veau, c'est un des recueils les plus recherchés et les plus ï estimés de Dehli. Le propriétaire et le directeur de ce récent organe des natifs est le munschi Muhammad Mirza Khan, qui a l'énergie et l'aptitude nécessaires pour cette entreprise. Il est bon humaniste, il connaît lïnscheî, et on le dit C particulièrement instruit dans la science de l'histoire. Ses articles sont parfaits et ses manières de voir mesurées et indépendantes. On a remarqué quelques-uns de ses numé (1) Sur ce journal, voy. mon u Hist. de la littér. hind. », t. HI, p. h-S0. — G3 — '

ros, celui entre autres du 1°'jui11, en faveur du titre de Scheîhùischzîh donné à la Reine d'Angleterre (1). IU. Les établissements d'instruction publique fondés dans I V l'Inde ont produit des résultats tels que le gouvernement a pu nommer directeur de l'instruction publique en Bérar un Hindou, déjà principal du collège de Pouna, le rao Sahib Narayan (2). Il est vrai que les journaux anglais de l'Inde se V plaignent de cette nomination, et que l'Awadh Akhbzîr (3) lui-même a répété quelques-unes de ces plaintes tout en louant l'administration pour ce choix particulier. Ces jour- ' naux regrettent que des Anglais qui ont subi à Cambridge ou à Oxford des examens satisfaisants ne puissent obtenir dans l'Inde que de petits emplois, tandis que lorsqu'il y a des fonctions importantes à remplir on choisisse des Indiens de préférence à eux. Quant à moi, je crois que le gouvernement agit sagement en faisant participer le plus possible les (indigènes aux fonctions petites'et grandes de l'administration. Il faut d'ailleurs récompenser ceux qui se distinguent ' dans les collèges. Voici par exemple un Hindou, Krischna Chand Bondopadya, qui a 1•emporté le premier prix à Rurki, A laissant derrière lui les élèves anglais, qui ont été les premiers à se réjouir de son triomphe.

Je n'ai rien pu dire l'an passé de la séance du comité des ' finances du Collége musulman anglo-oriental d'Aligarh, qui a été tenue en présence de l'Honorable Si1• William Muir, • visiteur du Collége, le 11 novembre 1875, n'ayant pas recu 'en temps opportun les documents nécessaires ; mais je vais y suppléer cette année, car j'ai sous les yeux le récit circonstancié en urdu de cette séance mémorable. On y apprend que non-seulement les membres du comité, mais tous les (1) (let afinéa est tiré du Pcmjrîbî du 10 juin 1876. Surnommé à Bhaï Wahan Kidar (frère de ll/ahan Kidar) n. (3) Dans le n° du 15 octobre 1875. — 64 — '

raïs du district et tous les Indiens distingués qui s'intéressent à cet établissement dû à la louable persévérance du grand réformateur littéraire musulman, le saîyid Ahmad Khan Bahadur, se rendirent à cette séance. a Sir W. Muir, accompagné du saiyid Ahmad, arriva d'abord au bangla (1), qui sert provisoirement de salon de réception,

et il y trouva le président du comité et le maulavvi Muhammad

Sami ullah Khan, secrétaire du Collège. Il visita les boarding houses, et il parla aux professeurs avec son aH'abilité ordinaire. On avait préparé pour la séance une salle avec des sièges et tout ce qui avait paru nécessaire. Sir William s'y rendit, et le secrétaire du comité, le saiyid Ahmad Khan, fut alors un rapport en urdu contenant l'exposition de tout ce qu'a fait le comité pour le Collége anglo-oriental, g et précédé de l'éloge bien mérité de Sir W. Muir. Je ne lc suivrai pas dans les détails qu'il donne, et qui sont généra-4 lement connus par ce que j'ai dit auparavant sur ce Collège. Après cet exposé il fut lu une adresse par le professeur sunni d'arabc, le maulaxvi Muhammad Akbar. Puis le remplaçant du professeur imamien ou schia, le maulawi Saïyid à Abbas Hacan, rècita un cacida à la louange du vice-roi. Enfin, Sir W. Muir, dont tout le monde connait l'habileté en -. urdu, prit la parole en cette langue et fit un discours qui occupe cinq colonnes du journal. '

Après avoir fèlicité le comité de l'assistance qu'il a donnée à son ami le saiyid Ahmad Khan pour faire réussir le projet qu'il avait formé depuis si longtemps d'établir ce Collége musulman anglo-oriental, il a dit qu'ayant été nommé visiteur du Collége il avait voulu venir inspecter cet établissement et offrir, s'il y avait lieu, ses conseils. Il n'a pris part à ' la souscription en faveur de ce Collége que dans l'intérêt des A études séculières de la science et de la littérature européennes ; et d'après le rapport q11'il venait d'entendre, il (1) Sorte de kiosque ou de chalet, maison d'été. 55

voyait que ce but est heureusement rempli. Il expliqua ensuite comment les chrétiens peuvent légitimement s'intéresser à cette entreprise, dont la base est si large et si libérale. Il plaida à ce sujet la cause des écoles laïques, indispensables dans les États ou, comme dans l'Inde, il y a plusieurs 1•eligions et ou le gouvernement ne doit vouloir en imposer aucune, ce qui n'empêche pas de favoriser officieusement, comme il leifait lui-même, le christianisme, à la divine origine duquel il croit fermement, comme aussi aux avantages que procurent ses vérités. Sir William donna ensuite d'utiles avis aux élèves. Après avoir rendu hommage, Y à tous les princes indiens patrons du College et surtout au saiyid Ahmad Khan, il termina par l'éloge du comité charge des intérêts de l'établissement.

Je dois ajouter qu'en l'honneur de Sir ttilliam il a été fondé par souscription dans ce même College une bourse qui portera son nom (1) ; mais ceci concerne plus spécialement les musulmans. Quant à ce qui regarde surtout les Hindous, j'apprends avec plaisir qu'il est question d'élever, au moyen aussi d'une souscription publique, une statue à cet homme de bien, à Allahabad, en souvenir des services qu'il a rendus (à l'inde. Cette proposition, faite par le maharaja de Bénarès, a été favorablement accueillie dans une réunion tenue a cet effet en juillet dernier, et l'Awad/L Akhbcir (2) donne la longue liste des souscripteurs pour ce monument, quifera un égal honneur à l'éminent homme d'État dont il s'agit et aux Hindous eux-mêmes, qui prouvent ainsi qu'ils savent apprécier le mérite. En tète de la souscription figure pour deux mille roupies (5,000 fr.) le maharaja de Bénarès. Un peu plus tard le Collège anglo-oriental eut aussi la visite du maharaja de Pattyala, Mahendra Sing Bahadur. On avait disposé dans la salle de la Société scientifique où on le(1) « Muir scholarship. »

(2) NM du 21 juillet, du 18 août et du 1C" septembre 1876. 5 55

reçut d'abord, les livres publiés par la Compagnie. Puis on le conduisit au « Town Hall ~=, et la le maulaxri Sami ullali 'lui fut l'adresse qu'il avait préparée et qui fut suivie de la récitation d'une pièce de vers de félicitation par le maulawi Muhammad lshae, traducteur des livres que la Société a publiés en urdu. Ensuite le maharaja adressa a l'assemblée une allocution en urdu, pleine de nobles pensées éloquem- ' 'ment exprimées et de traits d'esprit oriental, dans laquelle il promit de gratifier chaque année ce Collège de la somme de dix-huit cents roupies (.4,500 fr.), chose dont il a donné acte et dont le diplôme est publié dans les journaux (1). Il termina par des vœux pour la prospérité de la Société scientifique d'Aligarh, pour celle du Collège et pour le bonheur des Indiens qui vivent sous Z'ombre z'utéZaiv-e de l'Angleterre. Il serait trop long de mentionner d'autres libéralités, telles que celles du maharaja de Uizianagram (2), celles du Nizam d'Haîderabad et de son grand vizir Sir Salar Jang. Le « 'Aligarh Institute Gazette » ou'Aligmh Akhbdr (3) publie l'acte offieiel constatant que le gouvernement a donné à perpétuité le terrain nécessaire pour les besoins du ti Mol1ammedan anglo-oriental College > » ai Aligarh.

Maintenant ce Collège est définitivement établi, et le saîyid Ahmad, pour se dévouer entièrement à cette œuvre capitale it laquelle il a consacré, on peut le dire, toute son énergie, A s'est démis de ses fonctions, bien que lucratives, de juge à Bénarès. Cette détermination fait le plus grand honneur it son caractère et prouve le zèle désintéressé qui l'anime pour le bien-être spirituel et séculier de ses coreligionnaires, quoiqu'il ne soit pas apprécié comme il devrait l'être, les

(1) '/llïgarh ill :/zbâr. du 10 décembre 1875. (2) Le'fllîgar/L Ãllchbdr du 28 juillet 1876 publie les régles qu'a adoptées le saïyid Ahmad Khan pour Yobtention des bourses fondées parle maharaja de Pattyala et le maharaja de Vizianagram. N° du 25 août 1876. G7.

musulmans fanatiques n'aimant pas les idées libérales qui semblent présider à son entreprise (1). Quoi qu'il en soit, on ne le nomme plus que le « philanthrope indien » (Hindûsttîn Ictî kltaïr lthwcîh). A l'occasion de sa démission, Sir John Strachey, lieutenant général des Provinces nord-ouest, lui a écrit une lettre très-flatteuse, et les habitants de Béna-1'èS, tant musulmans qu'Hindous et Anglais, lui ont voté une adresse non moins flatteuse et lui ont offert une belle boite A en argent renfermée dans une gaine dorée (2). La séance pou1•la distribution des prix du « High School » ' (l'Ãll&11&l)&(l a eu lieu le 1" avril, sous la présidence de Mr. Justus Turner. Le principal a fait savoir, par son rapport, qu'il y a maintenant cinq cent quatre-vingt-douze élèves. Après la distribution des prix, Mr. Turner a prononcé une allocution dont voici quelques passages : <– Le pro-directeur de l'instruction publique (3) a témoigné de la capacité et du zèle du principal de ce collège, ce que constate le rapport et ce qui est un gage de réussite. En cH'ct, depuis trois ans, lc nombre des élèves de ce collège a doublé, et leur aptitude et leurs bonnes dispositions sont arrivées au point que j'ai pu Y entendre réciter correctement des vers anglais et voir avec satisfaction les cahiers de mathématiques qui sont sur la table. J'ai été surpris de la grande mémoire des étudiants de ce pays, et soit qu'il s'agisse d'une qualité, ou par cette raison que les enfants indiens ne sont pas préoccupés de leurs jeux comme les enfants anglais, il n'j• a cependant pas de doute que la mémoire des enfants indiens ne soit très-vaste et qu'ils n'aient beaucoup de pénétration. S'ils ajoutent à cela un esprit sain, ils auront le pas sur les Anglais ; car il ne suffit pas seulement d'apprendre et de retenir quelque chose, mais 011 doit le faire avec intelligence. Il ne faut

(1) '.^lIîgm-h /l/shbâr du 21 avril 1876. (2) '/llîgarh /l/shbâr du â• août 1876.

(3) Le directeur, M. le capitaine Holroyd, était alors en Europe. 5. 68....

pas que la semence 1•este sèche et inutile, mais qu'elle se développe et produise l'arbre et le fruit ww \Le professeur Monier \\'illiams, ainsi que je l'avais annoncé l'an passe (2), est alle dans l'Inde, accompagne de sa femme et de sa fille, afin d'y trouver un appui pour realiser le projet qu'il a d'établir un <= Institut indien ww. Voici la lettre qu'il adressa de Bombay, le 22 novembre 1875, a l'éditeur du « Times ol'India ww :

Comme vous m'avez fait l'honneur d'annoncer ma présence dans l'Inde, voulez-vous me permettre de faire savoir que je ne suis arrivé qu'aujourd'hui du Caire à Bombay. Vous avez bien raison de conjecturer que je suis venu bien plutôt pour prendre des informations que pour faire de la propagande ; mais je dois vous dire tout d'abord que je suis d'accord en grande partie avec vous, relativement à l'opinion que vous avez exprimée dans votre excellent article d'aujourd'hui sur la meilleure méthode de préparer les jeunes civiliens pour l'Inde.

it Je crois que le principe du concours public est bon, mais qu'après que les candidats ont été choisis, une résidence obligatoire de deux ans à Oxford vaudrait bien mieux que des études isolées à Londres. Permettez-moi de rejeter l'idèe que l' <« Institut indien ~> projeté à Oxford n'est destiné qu'aux civiliens pour l'Inde. Il existe en Angleterre unc surprenante ignorance en ce qui concerne l'Iude, même parmi les hommes les mieux élevés ; mais la présence du Prince de Galles en ce pays, et d'autres causes, doivent faire V surgir un grand désir d'être mieux informé. en Le principal objetde l' « » Institut indien >> sera de stimuler ce désir et de le seconder en répandant des connaissances correctes à ce sujet. Un autre objet capital sera d'attirer en Angleterre des indigènes déjà instruits. En cer (1) 'Àligar/L A/shbdr du M » avril 1876.

(2) ¢ La Langue et la littérature hindoustauies en 1875 aw, p. M. 69...

tain nombre de jeunes Indiens choisis poul•raient être logés à l'Université d'Oxford et avoir la facilité nécessaire pour compléter leur éducation sous nos plus habiles professeurs. l'aime à croire par cette raison que l'idée que j'ai d'établir un Institut indien à Oxford sera appréciée par les indigènes de l'Inde les plus éminents et les plus éclairés, et qu'ils joindront leurs noms à la longue liste des personnages illustres dont j'ai déjà obtenu l'appui en Angleterre. » Le professeur ltlonier Iliiilliams a encore mieux expliqué, dans une séance publique de la branche de Bombay de la Société Royale Asiatique, le plan de l'Institut indien qu'il voudrait fonder à Oxford. Cet Institut serait destiné à être un trait d'union pour toutes les personnes qui s'intéresseront aux choses orientales. En tant qu'un établissement d'éducation, il offrirait le complément des cours qui se font déjà à Oxford. Il s'agirait d'y avoir des professeurs pour ' enseigner le sanscrit, l'arahe, l'hindoustani, etc., la loi indienne, la philosophie, etc. Toute facilité devra être donnée à l'étudiant indien, afin qu'il puisse profiter du cours d'étude ' général de l'Université, comme aussi de pouvoir obtenir des grades dans l'École orientale, ou le sanscrit, l'arabe et le persan remplaceront le grec et le latin, et ou la littérature de l'Inde, la loi et l'histoire indiennes seront les principaux sujets

Une réunion d'Hindous et d'Européens eut aussi lieu à Bombay, à l'occasion de la visite du professeur Monier Wi]-, liams, chez le Dr. Atmaram Pandurang, qui avait eu soin d'inviter quelques amis hindous à dîner avec Mr., madame et mademoiselle Williams (2), ce qui donna l'occasion au savant anglais d'avoir une longue conversation sur les Védas

(1} 'flligarh /•l/ihbdr du 18 mars 1876. Tout cela a été développé 7 plus au long dans le même journal, n° du 2 juin 1876, tant sous le rapport intellectuel que sous le rapport matériel. (2) à Indian Mail is du 17 janvier 1876. TQ

et sur les pratiques religieuses des Hindous, qu'il a d'ailleurs si bien décrites dans son et Indian Wisdom >>. Cet habile indianiste s'est occupé avec ardeur, dans l'Inde, du projet qu'il a conçu d'établir l'Institut indien ài Oxford. Il en a parlé à Calcutta dans une réunion spéciale tenue le 7 janvier (1) au ce Dalhousie Institute », réunion à laquelle assistèrent entre autres le lieutenant gouverneur, l'évêque de Calcutta, l'ol•i enta liste Edward Eastwick, alors dans l'Inde, etc. Le principal but de l'Institut que se propose d'étalilir à Oxford Mr. Monier Williams, est de préparer les Indiens à subir les examens nécessaires pour être admis au service civil et, en outre, d'une part, de faire cesser l'ignorance générale ou sont les Européens les plus in-V struits sur les choses de l'Inde, et, d'autre part, celle où sont pareillement les Indiens sur les choses de l'Europe. Il voudrait concentrer dans un même lieu tout ce qui nous vient de l'©rient, et de là le faire rayonner dans toutes les directions. Plus l'Inde sera connue en Angleterre, mieux elle sera gouvernée. Il faut qu'on sache distinguer les races diverses qui s'y trouvent, les religions différentes qui y sont pratiquées, les langues nombreuses qui y sont usitées, et resserrer, par la connaissance pratique de ces choses, les liens d'union qui doivent exister désormais entre la nation anglaise et le peuple indien, ainsi que l'a dit Shakespear dans ces vers que j'ai déjà cités (2) :

Like toa double cherry, seeming parted,
But yet a union in partition.

Les Indiens apprendront à Oxford non-seulement l'anglais, mais leur propre littérature, leurs lois et leurs langues, et ils prendront une haute estime d'eux-mêmes (1) ¤ Indian Mail iv du 12 février 1876. (2) P. 150 de la réimpression de mes à Discours d'ouvert1•e de 1850 à 1859. » 7]

en voyant celle dont ils jouissent parmi les savants de l'Europe.

Le célèbre babu Keschab Chandar Sen, qui était présent à cette réunion, appuya les idées de Mr. Monier Williams, et sir R. Temple indiqua des moyens pratiques d'exécution ; il proposa de diviser en trois classes cet institut, savoir ; l" celle des étudiants venus de l'Inde ; 2° des étudiants G anglais se préparant pour y alle1• ; 3° des autres étudiants amis de l'Inde et désireux d'acquérir les connaissances qui s'y rapportent.

Dans une lettre datée de Calcutta, 8 janvier 1876, et adressée au « Times », qui l'a publiée le 2 février, Mr. Monier ' Williams annonce que le Prince de Galles a accepté d'être le patron de l' « Indian institutes » et que cet établissement a aussi l'appui du vice-roi de l'Inde, de S. A. R. le prince Léopold de Belgique et d'autres personnages éminents. Après sa visite à Calcutta, Mr. Monier Williams est allé à Agra, puis à Dehli, où il est resté quelques jours, et de la à Lahore, où il a été l'hôte de Mr. Lepel-Griffin et où il a encore développé ses idées, au sujet de son projet, dans une ' séance de l'A22ju'man, tenue tout exprès à cet effet, et ou il a fait connaître son plan et sollicité l'appui de la Société. ' Le savant orientaliste Ed. Eastwick, qui se trouvait en même temps à Lahore, assista à cette séance et appuya les énonciations du professeur d'Oxford. Je ne veux pas man- » quer de dire, en passant, que M. Easttvick a fait beaucoup de recherches, afin de préparerrun « Guide de l'Inde » sur une grande échelle. Il paraît que ce « Guide » n'aura pas moins G de huit volumes et que l'Inde y doit être divisée en « Cercles » qui formeront chacun un volume à part.

Il paraît aussi que ce savant et aimable orientaliste a copié et -traduit bien des inscriptions obscures du Penjab, qui avaient jusqu'ici échappé aux recherches des voyageurs. Ce fut après avoir examiné le fort de Lahore et copié quelques inscriptions qui s'y trouvent qu'il faillit périr par un accident 72..

W de voiture, dont, heureusement, il fut quitte pour quelques blessures peu sérieuses (1).

Sous le titre de « Disposition importante pour l'avantage des Hindoustaniens >>, voici comment lltlwadk Atkhbdr (2) parle de la séance extraordinaire du 8 février 1876 de l'Anjumcm du Penjab, tenue à Lahore, et à laquelle beaucoup d'Anglais, de chefs indiens et de fonctionnaires du gouvernement assistèrent. À La seule cause de cette séance était celle-ci : Un voyageur célèbre, nommé Mr. Williams, qui est un grand savant et un homme expérimenté, avait honoré cette ville de sa présence et désirait nous faire jouir de ses paroles, aussi dignes d'être ouies que les versets du Coran. En sorte que le docteur susdit a prononcé, dans cette règ'nion, un discours qui respirait la plus vive sympathie pour nous, car ce personnage s'intéresse réellement à la situation • où nous sommes.

Les Indiens se plaignent, dit-il, de ce que les Anglais qui gouvernent leur pays en ignorent entièrement le caractère, les mœurs et les usages. Ce reproche n'est que trop fondé. Toutefois il faut dire aussi que de même que les ' Anglais ne connaissent pas les Indiens, ainsi les Indiens ne connaissent pas non plus les Anglais. Or il est très-nécessaire que les deux nations se connaissent l'une l'autre et soient instruites de leurs mœurs et de leurs usages respectifs. Tant que ces deux nations ne feront pas leurs efforts pour parvenir à cette connaissance, il n'est pas à esperer que leur union ait lieu.,

=¤ Dans le temps de Lord Mayo, le gouvernement avait créé en faveur des Indiens des postes nouveaux pour s'occu~• per de certaines affaires. Maintenant que ces postes sont L établis, nous voulons avoir, au moyen d'une souscription indienne, une fondation afin que les Indiens qui auront ces

(1} u Indian Mail ¤ du 13 mars 1876.

(2) N° du 23 février 1876, d'après le Panjâbi Akhbâr. 73

emplois reçoivent leur éducation à Oxford. L'Université devra adopter pour ces élèves des dispositions telles que lorsqu'ils iront dans un pays étranger et qu'ils verront des choses étonnantes et extraordinaires, leur naturel ne soit pas troublé, et que dans leu1• conduite il n'y ait pas de défaut. Pour cela on devra faire des efforts afin de les préparer selon la nécessité du temps et des circonstances. Lorsque ce genre d'instruction aura eu lieu, les liens qui existent déjà entre les Indiens et les Anglais se fortifieront de jour en jour ; et cette distinction entre gouvernants et gouvernés ne don-. nera plus sujet de plainte a personne.

> » Après ce discours, Mr. Easttvick adressa aussi à l'auditoire une allocution pour corroborer ce qu'avait dit le professeur Monier Williams, en sorte que tout ce que nous avons écrit est l'analyse des deux discours prononcés dans l'intérêt et pour le bien-être de l'Inde et des Indiens. Il faut donc que nous, Indiens, nous soyons reconnaissants envers ces gens de = bonne volonté qui ont pris sur eux la peine de nous indiquer 'ce qui est pour nous le plus avantageux... Maintenant, de notre côté, ne quitterons-nous pas notre négligence et notre insouciance ? Il serait bien facheux de ne pas répondre a l'appel des Anglais, qui nous montrent la voie, en nous laissant libres d'agir ou de ne pas agir. A présent donc que nous voyons clairement ce qu'on demande de nous, si notre esprit instruit nous vient en aide, nous formerons promptement un comité pour réunir des souscriptions, et afin de prendre des dispositions pour que des étudiants puissent ' aller en Europe en apprendre les sciences et les arts et connaître foncièrement la manière d'être des Européens. P >¤ Ce qu'il faut remarquer, c'est que dans l'acquisition de la science telle qu'on nous la propose, on ne fait pas attention à la religion ; nous devons donc coopérer à cette bonne œuvre avec les fonctionnaires anglais. »

Depuis son retour de l'Inde, M. Monier Williams a publié un rapport intéressant sur les raisons qui l'ont déterminé à A - 74 —

faire son voyage, et sur les résultats qu'il y a obtenus et qui — ont été très-encourageants, car ses idées y ont été adoptées tant par les natifs que par les Européens les plus distingués. Cinq cents personnages dont les signatures ont été données dans toutes les parties de l'Inde en demandent la réalisation, afin que les indigènes puissent prendre les degrés requis après examen dans les langues classiques de leur pays sans être obligés d'étudier le grec et le latin, et que dans tous les cas le sanscrit soit substitué au grec (1).

Les résolutions qui furent prises l'an passé à Oxford pour donner aux candidats pour le service civil la facilité de poursuivre leurs études à. l'Université, ont été appuyées par l'habile professeur, mais seulement comme faisant partie ~ d'un plan plus vaste embrassant non-seulement une classe spéciale d'élèves, mais tous ceux qui voudraient poursuivre les études indiennes.

Il y a toujours, en attendant, à Londres même, que d'après quelques journaux de l'Inde les Indiens préféreraient ài Oxford, l'AsiaZic sh-tmger's Home, • et j'apprends avec 'plaisir que le Rév. George Small (agent pendant dix ans de la Société des missions baptistes à Bénarès et à Calcutta, et qui connaît le sanscrit, l'hindoustani et le bengali, ainsi qu'il = l'a prouvé par plusieurs ouvrages, entre autres par son Handbook of sanscrit littérature (2) » et par sa traduction du Totâ kahânî) a accepté les fonctions de « Scripture reader and missionary » dans cet établissement, qui est une sorte d'asile que des personnes zélées pour le bien-être des Asiatiques et des Africains ont ouvert à Londres depuis bien des années.

Au surplus, le savant professeur Monier Williams est

(1) u Indian Mail » du M mars 1876.

(2).l'ai attribué par erreur cet ouvrage à M. Cotton Mather, en offrant à l'Institut le ¤ Nouveau Testament » hindoustani, publié par la Société des traités et livres religieux. retourné dans l'Inde dès le 12 octobre dernier pour visiter, dans l'intérêt de son projet de l'établissement d'un « Indian • Institute n, la présidence de Madras qu'il n'avait pas eu le temps de parcourir à so11 premier voyage, et aussi pour rechercher les manuscrits et les objets de tout genre qui pourront lui être utiles avant de mettre la dernière main à un ouvrage dont il s'occupe, sur les systèmes religieux et les lieux consacrés par l'hindouisme.

Les journaux indigènes du Penjab (1) annoncent le retour ' à Lahore du spirituel Dr. Leitner, avec d'autant plus de • plaisir qu'il est très-aimé dans ce pays qu'il affectionne lui- r 'même. Il a repris ses fonctions de principal du collège et de président de l'An }'uman. A cette occasion le maulawi Abd ulhakim Kalanauré, professeur à l'l'niversité du Penjab, a g publié dans le journal hindoustani appelé Pan]'dbîAk/abzîr (2) ' un cacîda en bon style arabe qui rappelle les compositions classiques de cette belle langue, clef des langues de l'Orient ' musulman ; et de leu1• côté les membres de l'Anjuman ont présenté au Dr. Leitner une adresse de félicitation sur son heureux retour (3). A propos de l'Université du Penjab, je remarque dans le même journal (4), parmi les examinateurs désignés pour les différentes langues et sciences, le raé Bahadur Pandit Moti Lal pour l'urdu, et le babu Chandar Raé pour l'hindi.

J'ai reçu avec reconnaissance de Miss Manning le <= Rap- • port pour 1875 » de la Branche de Londres du « National Indian Association >>, qui a pour but de venir'en aide au, progrès social dans l'Inde..l'y apprends avec plaisir qu'environ quatre-vingts Indiens sont en ce moment on Angleterre, la plupart occupés des études nécessaires pour exercer des

(1) Awadlz.•l/s/zbzîr du 12 mars 1876. A V (2) l\l° du 8 avril 1876.

(3) « Indian Mail u du 6 mai 1876.

(Yé) N° du 19 août 1876. professions libérales ou pour le service civil. D'autres sont simplement en Angleterre pour visiter le pays et en connaître les institutions. La Société a surtout pour but de rendre le séjour de l'Angleterre agréable à ces indiens qui ne craignent pas de traverser « la mer Noire (l'Océan) » pour s'instruire, en leur faisant connaître des personnes qui peuvent leur être utiles et en leur fournissant toutes les facilités désirables pour s'occuper de l'objet qu'ils ont en vue. Dans ce but, l'association donne des soirées spéciales où les Indiens se trouvent avec des Anglais distingués qui s'intéressent à l'Inde. Le rapport signale spécialement trois grandes soirées auxquelles ont assisté, entre autres notabilités, le Dr. Birch et Sir Ch. Trevelyan. Nous apprenons aussi par ce rapport que le « Journal de l'Association », publié à Bristol, est très-répandu dans l'Inde, et, enfin, que Miss Mary Carpenter, la fondatrice du « National Indian Association », en a établi des branches à Madras, à Bombay et ailleurs.

On veut aussi, à Calcutta, mettre le plus possible les indigènes en rapport avec les Européens. On a même l'intention de construire une salle spéciale pour ces réunions hybrides. On y donnerait à lire les journaux et l'on y ferait des conférences suivies de débats littéraires, où l'on pourrait s'entendre sur des objets d'un intérêt général. Le maharaja Holkar a promis une forte somme pour la fondation de cet établissement (1).

Miss Carpenter, ainsi que je l'avais annoncé[170], était dans l'Inde en même temps que le Prince de Galles, et elle y reçut une ovation à Karrachi, où elle avait donné cinq cents roupies (1,250 fr.) pour établir une école indigène, dirigée par des Anglaises[171]. Cette excellente dame, après avoir aussi été l'objet, dans le Sind, d'une autre ovation, est allée

(1) Alîgarh Akhbâr du 5 novembre 1875. à Pouna, où elle a voulu visiter la prison centrale et tenir une réunion d'indigènes pour leur faire connaître ses vues sur différentes questions sociales. Puis elle est allée à Madras, où elle était à la Hn de novembre 1875, et elle y offrit, a l'École normale des femmes, de la part de la reine d'Angleterre, un exemplaire de son ouvrage intitulé : « Leaves from the journal of our life in the Highlands. » De là, elle se rendit et Calcutta, elle y assista au service religieux du Bmhma-mamiir (temple de Dieu), et elle alla ensuite a Bombay (1), d'oi1 elle, est repartie pour l'Europe en avril 1876, emmenant avec elle deux enfants du babu Saci-praçad Banerji, pour les faire élever en Angleterre (2). Puis, au mois de mai, nous la trouvons et Londres, à la Société des arts, où elle donna aux membres du « National Indian Association » un récit circonstancie de son voyage et des résultats qu'elle a obtenus (3), et elle a signé, en sa qualité de secrétaire honoraire de cette Association, l'adresse que la Compagnie

présenta à Sir Salar Jang pendant son séjour en Angleterre.

Le haji maulaxvi Saiyid Imdad Ali (4) voudrait fonder à Agra un Madmgat lllîlllllîîl « College des Sciences =>, pour les jeunes filles musulmanes, à l'imitation de celui qui a été 6 Y fondé pour les musulmans par le saiyid Ahmad Khan. On voudrait même qu'il y eût plusieurs établissements du même ' genre ou les jeunes filles musulmanes pourraient recevoir une éducation analogue à celle que reçoivent les musulmans dans le collège du saïyid Ahmad. Il y a longtemps que le saiyid a dit, dans le Tahzîb ulakhbcir (5), que « l'èduca(1) u Indian Mail » du 6 et du 28 décembre 1875 et du 17 janvier 87.

1 Awadh Akhbcîr du 5 avril 1876.

(3) Le uDaily News » du 16 mai 1876 l'a fait connaître à ses lecteurs. (It) Snr ce personnage, voy. mon ¢ Hist. de la littér. hind. n, t. II, 9.

'y P (È) Panjdbi du 10 septembre 1866. 78 —

=tion des femmes est nécessaire pour l'amélioration générale, et-qu'il est indispensable de prendre des dispositions à ce sujet. L'établissement du Itladmçat ul'uZzîm pour les musulmans nécessite celui d'une institution analogue pour les musulmanes, car lorsqu'un musulman qui aura reçu son éducation dans le Madraçat ul'uh2m voudra se marier, pourra-t-il épouser une femme dont l'ignorance la fait ressembler ât une sorte de sauvage ? » ' '

L'institution Alexandra de Bombay, pour les jeunes filles indigènes, a reçu, il la fin de l'année dernière, de bien inté- j ressentes visites, celles, par exemple, du raja de Kolapur, du 1•aja de Bbownagar, du raja de Baria, du nabab de Radhanpur, et enfin du duc de Sutherland, qui a complimenté la surintendante, Mrs. Monnet, sur les progrès remarquables des jeunes Indiennes confiées à ses soins, et qui a félicité Manockjec Cursetjee sur les succès qu'il a obtenus dans la cause de l'éducation des femmes, dont il s'occupe depuis si longtemps (1).

' Il pa1•aît que dans le Penjab les musulmans et tous ceux qui appartiennent aux classes aisées envoient leurs enfants aux écoles plus volontiers que dans les autres provinces de l'Inde. Dans l'école principale du district de Laliore et dans È ses branches, les musulmans sont en majorité. Plus de la moitie des élèves, dans les écoles d'Hoschiapur et de Gurdaspur, y viennent de loin, et presque tous les enfants du cercle de Lahore qui ont subi l'examen des écoles primaires quittent leur village pour continuer leurs études, qu'ils aient ou n'aient pas obtenu une bourse (2). Un fait encore plus intéressant, c'est le développement

(1) « Indian Mail n du 18 décembre 1875. Awad/L Akhbdr du 5 mars 1876. Je dois dire cependant que les parsis religieux se plaignent de Véducation purement civile qu'on donne à leurs enfants et qu'ils déplorent l'abandon des exercices du culte par la nouvelle génération, à qui on apprend à les dédaigner. 79

remarquable de l'éducation dans le district de Harara, qui est sur la frontière. En 1872, il n'y avait encore que trois, écoles peu fréquentées, et maintenant on y en compte vingt—cinq et mille quatre-vingt-dix-huit élèves, dont plusieurs • appartiennent au territoire indépendant au delà de la frontière (1). '

L'éducation officielle continue à faire des progrès satisfaisants dans les Provinces nord-ouest ; mais le lieutenant gouverneur fait observer avec raison, dans son rapport, que si l'éducation élémentaire doitêtre gratuite ou du moins à très-bon marché, il n'en est pas de même de l'éducation supérieure, qui doitêtre payée d'autant plus, que, généralement, les Indiens n'ont d'autre but, en 1•ecevant cette éducation européenne, que de pouvoir occuper des emplois dans le, gouvernement. Il serait bon aussi d'avoir égard, en cela, à la pauvreté ou à la richesse des élèves, et de ne pas les taxer uniformément. Il ne faudrait pas non plus que les honoraires des professeurs dépendissent de ce que donneraient les élèves (2).

Il y a dans le zila de Schahabad, de la division de Patna, un maclmga spécialement musulman (isldnziya) qui compte prés de quarante élèves pour les sciences théologiques et où, d'après les anciens usages, des gens religieux donnent la • nourriture et le vêtement aux élèves pauvres (3). Le « Rajkumar College » de Bandelkhand a maintenant plus de trente élèves, parmi lesquels on compte plusieurs chefs d'États indigènes (4).

On voud1•ait établir un autre Ra }7rumm• College à Madras ' pour l'éducation des rajas, zamindars et autres membres de l'aristocratie indienne de la Présidence, mais ilparaît que

(1) à Indian Mail sa du l" avril 1876. (2) '/•lZîgm•/z /-1/rhbrîr du 5 août 1876. (3) Azvadh J-]/lshbaîr du 5 novembre 1875. ' (lo) 'Alîgarh /•l/si/zbcîr du 5 mai 1876. — 80 —

cet établissement ne coûterait pas moins, pour l'installer, de 10 lakhs de roupies (2,500,000 fr.), ce qui empêchera probablement la réalisation de ce projet (1). Enfin, il est aussi question de former à Indore un collège spécial du même genre pour les üls des chefs de l'Inde centrale. Il existe déjà dans cette ville une grande école, fréquentée par beaucoup de jeunes thakurs et autres indigènes ; et il y a même une classe séparée qui compte, parmi ceux qui la suivent, le fils aîné de Holkar, le raja de Ratlam, le nabab de Banda, le mabaraja d'Amjhira, ete'. (2).

Le « Mayo College ww d'Ajmi1• continue à recevoir bon nombre d'étudiants appartenant a1'aristocratic indienne. Il ' compte vingt-trois élèves et ne peut que se développer de plus en plus.

l)'après le rapport de Mr. J '.C. Nesfield, directeur de l'instruction publique en Aoude, on compte dans ce royaume 1,555 écoles, contenant prés de 60,000 élèves, ce qui donne un élève par deux cents habitants. L'urdu est toujours plus étudié que l'hindi. Au lieu de 31,889 élèves qui l'étudiaient en 1873-1874, il y en avait 33,388 en 1874-1875, tandis 4 que l'hindi, malgré toutes les préférences du gouvernement, n'était encore appris que par 9.6,428 élèves au lieu de 24,113 de l'année antérieure. Quant à l'étude des autres langues, on compte 50,000 élèves pour l'anglais, 800 pour l'arabe, et seulement 200 pour le sanscrit ; les 7 1/2 p. 100 des dépenses sont défrayès par les élèves et le reste par le gouvernement (3). D'après le même rapport, nous apprenous qu'en Aoude, dont l'hindoustani est l'unique langue, les musulmans sont, en proportion de leur nombre, bien plus portés que les Hindous à accepter l'éducation de l'État. (1) ¤ Indian Mail n du 24 janvier 1876.

¤ Indian Mail n du 22 mai 1876. •

(3) 'illîgarlz il/srhbzîr du 17 décembre 1875. — 81 — • V

On le voit par le nombre des étudiants musulmans qui fvé- • I quentent les écoles (1). '

Le « Bishop College >>, fondé par le Dr. Middleton, premier évêque de Calcutta, est situé sur les bords de l'Hougly. ' Il est spécialement consacré à élever les Indiens qui doivent être employés comme missionnaires, catéchistes et maîtres d'école, sous la direction des missionnaires envoyés d'i\n— A I I gleterre, et aussi et donner aux indigènes une instruction. ' ' séculière qui leur permette de cultiver la littérature du pays. V En 1875, il avait 53 élèves, dont 28 internes (2). ' Il existe ai Lakhnau un collège spécialement musulman, le Jladmçmf imrîniya « Collège de la foi », qui prend chaque jour plus de développement. On y apprend non-seulement C tout ce qui tient ai la religion, mais les sciences exactes et littéraires. Il s'y est formé nombre d'élèves distingués, dont le Panjcîbi (3) donne la liste. ' •

Le maharaja de Jaipur est certainement un des princes indiens les plus'éclairés. Il avait la plus grande sympathie pour le comte Mayo, et il a donné son nom et un magnifique hôpital qu'il a fait construire, et devant lequel il a fait élever. la statue du lord, qui périt, comme on le sait, victime d'un • assassinat (4). Il a donné un lakh de roupies pour l'établis- ' sement à Ajmird'un grand collège, qui porte aussi le nom de <¤ Mayo College ». Il y a ai Ajmir une « École des beaux-arts », des écoles de filles tenues par des maîtresses euro— ' péennes, une bibliothèque publique, etc., et enfin la.ville • » est éclairée au gaz, au grand étonnement des indigènes. La Société littéraire du Bihar, .dont j'ai l'honneur.d'être membré, a fondé, à l'occasion de la visite, du Prince de ' Galles', ainsi qu'elle l'a exprimé dans une adresse présentée W

(1) 'Alîgarh Akhbdr du 2 mars 1876.

(2) ~ Report for 1875 of the Society for the propagation of Ihe Gospel », p. 12 et 126. ' •

l\l° du 7 juillet 1876..,

(E) u Indian Mail sa du 25 mars 1876. ' G — 82 —

à Son Altesse Itoyale, un collège industriel ou « École des arts et métiers » qui portera le nom du Prince (1). • - IF. Le nombre des Sociétés que l'on fonde dans l'Inde dans l'intérêt du bien-être et du progrès social des Indiens s'augmente journalement et ne connait pas de limite. Celle qui a les vues les plus vastes, c'est l'ei Indian Association >¤, dont le champ d'opération s'étend du Cachemyre au cap Como'rin, mais qui à son siège et Calcutta, où se réunissent les habitants qui en font partie.

La Société scientifique d'Aligarh a tenu sa séance générale annuelle le jeudi 21 février 1876. Nous apprenons avec peine, par le rapport concernant l'année 1875, du secrétaire le maulawi Muhammad Sami ullah, que cette Société est un peu languissante. D'abord, le nombre des membres, qui était, en 1874, de 158, s'est réduit a 137. Ensuite, le projet grandiose qu'avait la Société de publier en hindoustani, dans 'l'intérèt des indigènes, des traductions des ouvrages européens les plus utiles et les plus propres à la connaissance des sciences nouvelles, bien qu'il n'ait pas été abandonné, est — suspendu depuis un certain temps, à cause du manque des ressources sur lesquelles on comptait. La Société a néanmoins fait paraitre la seconde partie de l'histoire de Perse, (Àlzlzir hisse tarîkh-i Ircîn), et elle prendra des mesures pour continuer les publications projetées (2). » Le Dr. Mahendra Lal veut fonder une « Association scientifique » sous la protection du gouvernement du Bengale. Déja Ie lieutenant gouverneur Sir Richard Temple a fourni, pour l'Association, un bâtiment situé entre le «' College. street » et le « Bow Bazar » (3). •

Nous avons vu plusieurs fois que le sacrifice de la femme
' ll/qfigll7'/L.~llr/zlzdr du 21 janvier 1876. '
'Alîgarh il/thlzdr du 25 février 1876..

à Indian Mail v du 25 mars 1876., lxindouesur le bûcher de-son mari était vivement regretté par les veuves qui ne peuvent se remarier et qui, repoussées par leur double famille, se trouvent dans une position désespérée qui les conduit quelquefois à un suicide bien plus fâcheux que le premier, considéré par elles comme un acte religieux. Nous avons vu aussi que, généralement, toutes les Sociétés d'amélioration qui se forment journellement, dans l'Inde favorisent le mariage des veuves (1). Voici aujourd'hui un événement fâcheux qu'on peut citer en exemple comme résultant du non-mariage des veuves : « Il y avait aCalcutta, dit l'Awadh Akhbrî2• (2), une belle femme, fort instruite, nommee-Sri'Jlatî Ifzmzarë déci, qui devint veuve it l'âge de dix-huit ans. Cette femme, désolée d'avoir perdu son mari, prit de l'opium pour mettre fin ai ses jours. Quand elle eut perdu connaissance, on trouva à son cheret un écrit qui exprimait le regret qu'elle éprouvait de mourir ; en sorte, que, de ce qu'elle avait écrit, nous tirons ces quelques passages, qui ont été mentionnés dans les journaux : et Quelle utilité y a-t-il pour moi de vivre ? Je ne veux pas me mal conduire (en me remariant). Dès lors, pourquoi vivre ? La coutume des Hindous de se marier très-jeune est désastreuse. Je viens de prendre du poison, car mon cœur est sans repos. Il 11'y a rien de plus malheureux qu'une femme hindoue. On m'a mariée à quatorze ans, et maintenant je suis veuve à dix-huit. Je ne vois pas la nécessité de supporter une telle peine. Pourquoi Dieu m'a-t-il créée femme ? Faut-il que je me résigne au grand • malheur qui m'atteint ? ~>

— » Pourquoi les Sociétés humanitaires ne font-elles pas des efforts sérieux à ce sujet ? J'avoue qu'elles ne peuvent em(1) Abd ulkarim a publié un ouvrage spécial en faveur de ces mariages, sous le titre de Rcîrzdon Isi scâzidî • le Mariage des veuves i, in-80 de 36 pages, imprimé à Cawnpur. ' »

(2) N° du 21 novembre 1875. ' J. J.

6. 84..

pêcher tout à coup la chose, mais elles peuvent prendre des mesures pour que cet usage détestable et cette malheureuse P coutume de dèconsidèrer la veuve qui se remarie soit dè— • sormais extirpée. Pour arrêter le grave inconvénient dont il s'agit, il faut réunir une assemblée générale on les docs teurs de chaque religion donneront des preuves intellectuelles et traditionnclles contre l'usage de ne pas permettre 'aux veuves indiennes de se remarier ; interdiction pire que celui d'être satî (de se bruler sur le bûcher de son mari) ; en sorte que toute personne ayant reçu de Pëducation et aucun chef de religion ne puisse considérer comme coupable le mariage des veuves. Car pourquoi, dans l'Inde, le mariage des veuves n'a-t-il pas lieu et fait-on mourir, en realité, ces malheureuses ? L'n second mariage n'est défendu dans la religion d'aucun peuple, et cependant l'autorisation pour un second mariage'ne peut être aujourd'hui ob-7 tenue dans l'Inde que par des milliers d'ell'orts. «• Anciennement, l'usage de se remarier de la part des ' 'veuves avait lieu chez les musulmans de l'l-lindonst2m, et les sages et les gens d'esprit l'approuvaient et considéraient même comme un pèche d'y renoncer. Puisque un second mariage est dèc'dément permis chez eux, quel mal y auraitil que tous les habitants de l'Hindoustan suivissent enicela l'ancien usage des musulmans ?

» Comment se fait-il que dans les sermons on fasse l'éloge des seconds mariages et qu'on insiste pour qu'ils aient lieu, sans que cela amène de résultat pratique ? Pourquoi alors les ulémas et les cazis ne se réuniraient-ils pas aux grands et aux petits et, après une discussion entre eux, ne souscriraient-ils pas la p1•omesse de ne pas laisser les jeunes veuves sans être remariées après l'époque du deuil ? Nous espérons bien que lorsqu'une telle réunion aurait obtenu un engagement de ce genre, les maulawis eux-mêmes rougiraient de mettre obstacle à ces seconds mariages et seraient les premiers à les ordonner, bien loin de s'y opposer.. — 85 — Y

ix Dans l'Hindoustan, il y à deux partis hostiles au mariage des veuves chez les musulmans : d'abord le parti des sots, dont Dieu nous garde, et, en second lieu, celui des p femmes mêmes, dont on connait la faible intelligence et r Y l'ignorance (1). Nous savons toutefois que les sots d'entre les hommes, c'est-à-dire le vulgaire, se réunira aux gens distingués ;— mais il est plus difficile de faire entendre raison aux femmes, surtout parce qu'il n'y a pour elles ni réunion ni société, et qu'ainsi elles restent dans cette sottise et s'y. tiennent attachées. Mais nous nous trompons ; la perfection des femmes est entre les mains des hommes ; quand les hommes se décideront à agir et resteront fermes dans leur résolution, il n'y aura pas moyenlpour les femmes d'y faire ' opposition, d'après ce verset du Coran : Les hommes sont au-dessus des jemmes, les hommes sont les maîtres des jemmes (2).

Il y a quelques années, le maulavvi Muhammad Cacim, dans le zila de Saharanpur, ayant célébré le mariage de deux ài quatre veuves, des musulmans, insensès et arides de 'sang, voulurent le tuer. Mais il leur dit : «.le ne regrette f pas ma vie, et s'il faut la sacrifier, je le ferai avec plaisir. »> A En effet, lorsqu'une personne veut entrepend1•e une grande chose, elle ne doit pas être arrêtée par les milliers de diffi- ' cultès.qu'elle rencontre. »

Quant ai la polygamie, qui est usitèe non-seulement chez, les musulmans, mais chez les Hindous, comme elle est sévèrement interdite chez les chrétiens, les bons missionnaires * sont fort emliarrassés quand un lndien, mari de plusieurs ' femmes, veut se faire chrétien. Ce cas se présente en ce moment d'une manière assez piquante pour un grand personnage qui n'est autre que le Thakur de Bhownagar, un

(1) Je n'ai pas besoin, je pense, de rappeler que je suis ici le simple ti'3.dUCl8UI' (YUHG opl !1lol'l XI'lUSUlU'lZl !1€• (2) Sur. Il, verset 228., V =— 86 #—

des principaux rajas de Kattiawar, dans l'ouest del l'Inde.'Ce prince, qui n'a que vingt ans, voudrait devenir chrétien ; • mais il à quatre femmes qu'il a épousées le même jour il y I à trois ans, étant âgé de dix-sept ans. La moins jeune de ces femmes 21 vingt deux ans, les autres en ont douze, quinze et seize. Les missionnaires qui s'occupent de la conversion de ce prince lui ont déclaré qu'il ne pouvait garder ses quatre femmes. Il préfère celle de quinze ans, mais que deviendront'les autres (li ? Ne pourrait-on pas les considérer comme veuves et les remaricr ? Ce serait une heureuse application des principes que des hommes généreux cherchent 21 propager chez les Indiens. f

' Le munschi Piyari Lal (2), qui est président du comité qui s'occupe de prend1•e des mesures pour diminuer les dépenses que les Hindous font il l'occasion de leurs mariages, est très-zélé pour cette entreprise ; il parcourt il cet etl'et lc zila du Bihar oriental, il réunit des comités, il fait des discours et donne des avis qui produisent beaucoup d'eft'et sur ses auditeurs ; bien plus, avec l'autorisation de l'autorité, il U A a publié des règles pour les dépenses du mariage selon chaque village, portant que quiconque ne s'y conl'ormera pas en répondra devant les magistrats du zila (3). • ll ji a eu 21 Pouna, le 30 juillet dernier, une grande réunion au sujet des mariages prématurés et des fâcheuses con- ' séquences qui en sont la suite. On y a entendu 21 ce sujet un éloquent discours du raé Bahadur Gobind Rama, qui, après avoir fait ressortir les inconvénients de tout genre de ces mariages, a soutenu qu'ils étaient opposés 21 l'enseignement des sc/zdstm (lr) ; mais tandis que les philanthropes indiens

(1} « Galign : mi's Messenger n du 1h septembre 1876. • Surqcet Hindou distingué, roy. mon u Hist. de la littér. bind. st, t. II, p. 506, etpassim, dans mes u Revues ai. ' Awazlh.•lkhbd2• du 21 avril 1876. '

(Ir) Hwadû.'lI: hbzî1• du 11 août 1876. v — 87 —,

agissent dads ce sens, de sauvages réactionnaires, chefs d'une ~ caste d'Hindous en Guzarate, ont promulgué une loi pour obliger à marier les filles des l'âge de six mois sous peine d'excom'munîcation (1).

«'Caçûr, qui est situé dans le zila de Lahore, est une ' petite ville, dit le Panjtîbi (2), dans laquelle on a établi un Ànjuman. Bien qu'il ait la peu de gens qui veuillent faire leurs efforts de cœur et d'ame pou1• s'en occuper et qu'il y ait peu de temps que cette Société est établie, toutefois nous sommes. contents du succès qu'elle a obtenu ; bien plus, nous, nous en glorifions... Le nombre de ses membres est de deux cent vîngt-huit, et nous sommes heureux d'accuse1• ce nombre, car les gens de notre pays. qui désirent le progrès des arts et métiers veulent du tond du cœur fortifier cette • Société ; et ils espèrent que leur désir s'accomplira.. Le journal mensuel que publie cet Anjuman à trois e cent vingt-cinq abonnés, et ce nombre doit nous satisfaire. (Test aussi pour nous un grand sujet de contentement que beaucoup de savants nous aident pour la rédaction de son journal, en sorte qu'en 1875 il en a été inséré dans diffé- ' rents numéros soixante-cinq articles.

>> Les étudiants qui• suivent l'enseignement pour les arts •et métie1•s sont au nombre de cent vingt-cinq. L'école • anglaise et persane qui dépend de l'ilnjuman compte trois cent trente-quatre élèves ; la bibliothèque qui en dépend • aussi se compose de livres sur différentes sciences, en, anglais, en arabe, en persan, en urdu, en l1indi et bhascha, sanscrit, gurumukhi (ou panjabi), au nombre de deux cent quarante-sept, dont une partie a été donnée par des sociétaires et les autres ont été achetés des fonds de la Société., , Dans une si petite ville, l'existence d'une telle bibliothèque. 'À esttrés—1•remarquable. -.

(1), AZîgLl7'/L Akhbzîr du 22 septembre 1876., * (2) N° du 1°juillet 1876. ' ' ' — 88 —

¤ La meilleure chose et la plus importante que cette Société ait faite, c'est qu'elle a tourné son attention vers les progrès de la science de l'agriculture, ce qui est de la première importance non-seulement pour le pays'du'Penjab, mais même pour toute l'Inde. — Une

autre Compagnie qu'on peut considérer comme une branche de l'Anjuman de Laliore est celle qui a été établie a ' Y Nurpur dans le zila de Kangarb, sous la dénomination d'A7zjuman-i Irhaïr /rhwâ/L-i mullr «

Société amie du pays ». Elle a pour président le pandit Durga-pracad, et elle compte (3H\ilI:'Ol'l cinquante membres, les uns conseillers municipaux et fonctionnaires du gouvernement, les autres professeurs et indigènes distingués. Cette Société se réunit deux fois par mois, et elle publie mensuellement un rigâla qui rend compte des décisions qu'elle prend et de ses travaux, qui sont surtout littéraires, car elle veut travailler au progrès F scientifique de la nation. Elle a dans cette intention ouvert 'une souscription pour fournir des livres aux élèves pauvres des écoles et des collèges ; elle espére même pouvoir ouvrir une ; bibliotl1éque ou l'on trouvera de bons livres a lire. il s'est aussi formé depuis peu à Hajpur, dans le zila de ltluzatlarpur, une Société pour le bien-être général, Avgfuman-i rafcih-î 'cîm (1), qui a déjà acquis u11e assez g1•ande= notoriété. Il paraît qu'on s'y occupe surtout de science, de poésie, d'éloquence, et qu'ou veut au moyen de cette association s'abonner aux principaux journaux et les communiquer successivement aux memb1•es de la Compagnie : Elle possède en ce moment un poëte très-distingué qui lui donne q de l'éclat : c'est llali-\'ar, dont le Pmzjcîbî a cité des gazals et dont ; i'ai parlé un peu plus haut.

Ã Les rais de Nawabganj ou Barahbanki, district d'Allahabad, a l'instigation du pandit Madhu-pracad, ont fondé dans - cette ville une Société d'amélioration (Anjzmzan-i tahzîb).

— flwadh Hlshbdr du 24 juillet 1876. i — 89 — d

La séance d'inauguration qui a eu lieu le 20 mai dernier aété présidée, à la demande des sociétaires, par le ce Judicial, commissionner », l\lr. Wood, qui a prononcé à cette occasion un éloquent discours en urdu dont l'/âwadh Akhbrîr (1) 'donne l'analyse. Le secrétaire de la Société est Mir Wajid Ali, et'le secrétaire adjoint le pandit Ratan-nath, de Lakh- A nau, par où l'on voit qu'il y a, comme dans la plus grande. ' partie de ces Sociétés, mélange des Hindous et des musulmans. A Sohagpur, dans le zila de Hoschangabad, une Société x musulmane a pris le titre prétentieux d'A7z]uman-7] faldh-i nhl-iislânz à Réunion pour le bonheur des musulmans »>, U g parce qu'en effet cette Société s'occupe de combattre les " mauvais usages, de favoriser l'instruction chez ses coreli-, i'gionnaires, afin qu'ils aient plus de facilité à se procurer des moyens d'exis-tence et il donner des secou1•s à ceux qui seraient dans le besoin.,

j Le babu Nobin Cliandar Rao fonda en janvier de cette année, sous les auspices du Bmhma Sdmâ] ; ce qu'on appelle ii Allalxabad Asylum (lhilsîle d'•Allahabad) », esperant que les p gens religieux et compatissants l'aideraient de leurs moyens.' On admettra dans cet asile les orphelins et les veuves de toute ' 2 religion et de toute race, tant que la place le permettra, et ' on leur donnera l'éducation qui'convient aux personnes de ' ' t lionne compagnie ; mais aux conditions suivantes : 1° les personnes qui désireront y être admises devront prouver ' ' qu'elles ont tenu une bonne conduite antérieurement il leur admission dans l'établissement, et elles devront se soumettre aux règles de la maison ; 2° elles devront accepter l'ensei-gnernent qu'on leur donnera sur les sciences et les arts, sur ' la mo1•ale et sur l'unité de Dieu, selon les prescriptions des protecteurs de l'Asile.

Le 27 avril dernier, le lieutenant gouverneur du-Bengale,

(1) Ne du 19 juillet 1S76. l — 9.0 —

Sir Richard Temple, a ouvert ai Calcutta l'AZbei-t Hall, dépendance de l'Albe2•t 17zst2'iute, fondé et l'occasion de la visite du Prince de Galles. Les indigènes sentaient depuis longtemps le besoin d'avoir un lieu de réunion pour s'y entretenir littérairement et y cultiver la connaissance des ' ' 'gens instruits qui s'y rendraient. Le babu réformateur Keschah Chandar Sen a inauguré par un discours l'ouverture de cette salle spéciale (1).

VI. La religion a des rapports si intimes avec la langue et la littérature que je ne puis me dispenser de parler des ° deux principales religions de l'Inde : l'hindouisme et l'islamisme ; et quant à l'hindouisme, je dois m'occuper d'aho1•d du Brahma semzafj, cette secte qui veut reforiner ou plutôt européaniser l'hindouisme (2).

La réunion annuelle de ce samdj a eu lieu au « Town Hall » de Calcutta, le samedi 22 janvier 1876. On distinguait parmi les personnes étrangères à la secte qui assistèrent Y la séance, le lieutenant gouverneur du Bengale, Sir Richard Temple, et l'évêque de Calcutta, Mgr Milman. La cérémonie commença par une prière qui fut suivie du chant d'une i'hymne. Puis le babu Keschah Chandar Sen fit un discours • 'que donne l'« Indian Daily News »>. Dans ce discours il dit t ent1•e autres choses que le ;Christ en quittant le monde livra le gouvernement de son Église au Saint-Esprit ; car sans L cela ses disciples seraient 1•estés dans le doute et l'inverti-A tude. Tout ne fut pas fini quand le Christ dit : Consumma-• Zum est ; ses disciples. trouvèrent dans le Saint-Esprit la force et la vigueur qui leur étaient nécessaires pour continuer l'œuvre ent1•eprise par leur Maître. Le chrétien le plus

(1) 'AIïgar/z.~l/rhbdr du 5 mai 1876. '

(2) Selon le Rév. G. Trévor (Times du 1°'janvier 1876), le Brahma samdj est plutôt une réunion de lettrés hindous anglicisés que des sectaires, comme on les représente communément. 91 — > rd

orthodoxe" ne peut, selon le babu, désavouer cette grande et vraie doctrine. Les prophètes juifs et Moïse lui-même n'en • ' ' portent-ils pas témoignage ? Paul n'a-t-il pas parlé de'l'influence et de l'opération du Saint-Esprit, et n'y a-t-il pas-Z compté pour la vitalité de l'Église du Cl1rist ' ? Toujours selon le babu, 'les membres du Bm/zma samcîj, ou les' théistes, comme on les appelle, croient en l'Esprit de vérité. Il prétend qu'ils ont reçu cette doctrine des Uédas, les écri- A A tures de l'ancienne nation hindoue, où l'Esprit de Dieu est décrit dans le langage le plus énergique et le plus accentué. Selon le même babu, dans l'Inde plus que dans tout autre pays, et dans les Uédas plus que dans tout autre livre sacré, les attributs de ce Dieu spirituel sont mieux énoncés et décrits (1).,

On sait, d'après l'nt Indian Mirror », que le babu Keschab Chandar et ses principaux disciples se réunissent dans un jardin qu'ils ont maintenant acheté, et ou ils se livrent au • culte de Dieu. La, pendant deux ou 11•ois heures, assis sous, des arbres, sur des nattes ou sur des peaux de tigre, ils discutent ensemble sur la religion ; puis les uns se mettent à lire et à écrire, et d'autres se livrent au travail des mains ; ils firent de l'eau, ils coupent des bambous, ils ouvrent des ' allées, y plantent des arbres et les arrosent. Quelques-uns vont nu-tête ou même sans vêtements. Ils travaillent ainsi pendant plusieurs heu1•es, puis ils se reposent pendant une demi heure et ensuite ils se livrent de nouveau au service de Dieu. Lorsqu'il fait nuit, avant de se coucher, ils font résonner des instruments de musique, et, tout en chantant, ils parcourent les rues, et quelquefois ils entrent dans la chaumière d'un pauvre homme, ils s'y assoient, et font des prières pour l'avantage des habitants de l'endroit (2). ', On dit qu'un jeune memb1•e zélé du Bm/mm samcîy', qui ' (1) à Indian Mail n du 28 Février 1876..

Ptmjzîbî du 7 juin 1876. ' étudie en ce moment en Allemagne, se propose de retourner dans l'Inde en traversant a pied l'Europe et l'Asie pour étudier les mœurs et les usages des pays qu'il parcourra et en donner la relation de visu et ses compatriotes ou plutôt à ses coreligionnaires.

On a publie à Cawnpur une sorte de catéchisme (en urdu) de la secte, sous le titre de Asli'accîd-i Brahma Ma/zhab ~< les Vrais Principes de la religion de Brahma (le Brahma sanuî ;') ~~.

A l'imitation du Bmlmm sabhci ou sanzcîj, des sectes réformatrices s'élèvent de tous côtés dans l'Inde..l'en ai déjà signalé plusieurs. En voici actuellement une nouvelle qui se propage chez les peuples non aryens, parmi les Bhils, sauvages de la frontière du Marwar-Gujarat. Là, un guru hhil nommé Jûrgi s'y occupe depuis plusieurs années de faire adopter à ses compatriotes une religion spirituelle. Il annonce un seul Dieu ; il prêche la paix et la concorde. Il fait promettre à ses sectaires, qui ne sont encore qu'au nombre d'un millier de bhagat (1), de s'abstenir de toute action criminelle et de liqueurs spiritueuses, de ne donner la mort à aucun être vivant, de ne se nourrir que des produits de la terre, de se baigner avant de manger. il est aidé dans ses prédications par trois de ses principaux adeptes (2). Le pandit Dayanand Saraswati, qui à Pouna avait fait des conférences contre le culte des idoles et en faveur de la religion qu'il appelle védique, était à la fin de décembre 1875 à Surate. La, des centaines de personnes assistèrent a. ses conférences, et les Hindous orthodoxes mêmes les écoutèrent avec intérêt (3).

Le même pandit, qui est à la fois zélé pour sa nation et hostile a l'idolâtrie, était un peu plus tard à Baroda et y fai-

(1) Ce mot signifie proprement « dévot ».

¢ « Indian Mail » du 17 janvier 1876,

(3)4 Tdj ulakhbdr du 2 janvier 1876. t — 93 — i ï

sait aussi des conférences dans ce sens. Plusieurs person î' nages influents qui sentent le besoin d'un, e réforme reli-giense lui ont promis non-seulement leur protection, mais leur secours effectif (1). Encourage dans son entreprise, ce (savant pandit est allé prêcher la réforme à Indore, et le ma-. haraja lui a donné toutes les facilités nécessaires pou1• le faire. Il voudrait, comme Keschab Sen, extirper l'idolà !rie et faire revivre le prétendu pur monothéisme des l'édas (2). On se souvient sans doute d'avoir lu dans ma et Revue •> 'de C l'an passe (3) que le réformateur hindou Keschab Chandar S Sen recommande at ses adeptes de ne pas se vêtir à l'eu1=o-, péenne, ce qui tend à les détacher de leur pays, qu'ils doivent fidèlement aimer. Je trouve dans le Pmgjdbî (4) un f long article contre la manie qu'ont en etlet quelques Indiens 2 de vouloir s'habiller à Peuropéennc, et sur le même sujet, ' dans le'AZigm•/L Al :/zbdr (5), une lettre dc Kaschi-Nath dans W laquelle cet érudit Hindou dit : =¤ Chaque peuple a un costume national qui le distingue. Dans l'Inde, au contraire, tandis que beaucoup d'Hindous tiennent à garder leur costume, d'autres préfèrent le turban et la 1•obe turque, et C beaucoup d'entre eux s'habillent il l'européenne. Cette i. variété est facheuse... Ceux qui veulent nous unir en un seul h corps de nation doivent s'occuper d'une réforme à ce sujet. ' ll ne faudrait pas en tous cas que nos femmes suivissent les modes françaises ou anglaises ; nous les préférons avec leurs

(1) Hwad/L /Ik/abd2• du 21 janvier 1876.. N° du 26 mai 1876t Le pandit ou stvami Dayanand est le même dont j'ai parlé plus haut comme fondateur de lhirya samdj « Société des Arves n, qui a formé le projet de faire traduire en hindoustani les > textes originaux des Védas et des autres anciens monuments de la littérature sanscrite qui peuvent donner des éclaircissements sur l'ancienne reli— ' gion des Aryas. » V(3)

l'âge 80. — '.

(ü•).N° du 19 août 1876. -• ~, î

(5) N° du 19 novembre 1875. • (— 94 —.

dkolî ou chadar (1), qui ne diffèrent ent1•e eux que par'la matière et non par la forme.

Il est fâcheux qu'on donne dans les Universités indiennes la robe et la toque, ài la manière anglaise. Ne pou1•1•ait-on pas adopter un de nos costumes nationaux pou1• ces distinc-1 tions honorifiques ? Il est aussi fâcheux que quelques juges et autres officiers du gouvernement exigent qu'on ne se présente devant eux qu'aveo des vêtements particuliers. Le lüzkil-i Himlzisttîrz demande avec raison un règlement à cet effet, afin de n'être pas sous ce rapport expose aux caprices d'un fO11CtlOmJ2111'0. 11.

Occupons-nous maintenant des Hindous qui veulent résister aux innovations. Le Dlmrm sabhzî ce Association de la 'loi », qualifiée de respectable (aîiyri), a célébré le 16 janvier 1876 au Caiçar bdg de Laklinau, qui appartenait jadis âll'ancien roi d'Aoude, le premier anniversaire de sa fondation. ce Dés huit heures du matin on commença à distribuer aux pauvres et aux nécessiteux du riz cuit jusqu'il deux heures de l'après-midi. La quantité de gens à qui on fit ces distributious s'éleva à plus de mille. Puis des membres du sabhtî appartenant aux quatre castes des Hindous, particulièrement des pandits distingués par leur science et par leur mérite, arrivèrent à partir de deux heures jusqu'au soir, et — au coucher du soleil il y avait plus de trois cents personnes. î « On fut d'abord des pages du Sim güïm ctdu Rcîmtîymza 'de Yalniiki avec le commentaire hindi ; les auditeurs intelligents écoutèrent ces lectures avec intérêt et de l'oreille du coeur, et en retirèrent beaucoup d'avantages. Puis le maharaja Pandit Gangadhar, du « Canning College », commença sa conférence spéciale sur le D/zarm sabhzi. Quand il Peut —*ï- '

z (1) Le premier mot est indien et le second est persan : ils indiquent, l'un et l'autre, la pièce d'étotTe dont se drapent complètement les ? indiennes. 95

terminée, il rècita ài haute et intelligible voix quelques. prières tirées des Védas et quelques slokas dont le sens était : Que Dieu maintienne cette association (sabhti) tant r que le soleil et la lune subsisteront ; et que ses progrès s'accroissent dejour en jour ! Qu'aux assistants de cette réunion aucun dommage temporel n'arrive Ensuite les musiciens et les chanteurs vinrent dans l'assemblée, jouèrent de leurs instruments et chantèrent harmonieusement. Cette réunion 7 dura jusqu'à sept heures du soi1• ; puis on distribua des X. rafraîchissements et on offrit aussi, de l'argent monnayé aux panclits (1). »

L'Imlian Daily News (2) a de son côté publié une note pour inviter tous les Hindous orthodoxes à se réunir afin dl adopter des résolutions et l'eff•et de protéger les anciennes manières et coutumes hindoues. ce Le torrent de la civilisation européenne est pour ainsi di1•e irrésistible, y est-il dit ; mais de même qu'un tronc d'arbre arrête tant soit peu une inondation qui emporte tout, il y a quelques bons usages h propres à conserver parmi bien des abus déplorables des mœurs indiennes. Ciest précisément parce que les mœurs et les usages indiens sont intimement mêlés ai la religion que la tâche que se propose la nouvelle Société est difficile ; mais. cette tache est d'autant plus louable, et elle doit avoir l'appui de tous ceux qui aiment les choses anciennes et qui se inéfient des changements, de quelque part qu'ils viennent. » Quoi qu'il en soit, les vieux usages indiens disparaissent peu à peu. Déja plusieurs fêtes indiennes chômées ont été officiellement supprimées, et cette année encore les marchands hindous ont obtenu la suppression du dasahm (3) qui a lieu le 10 jeth (mai-juin), à causede la prétendue naisg sance en ce jour du Gange, ce qui n'empêcîiera pas les (1) Alwadh A/zhbdr du 26 janvier 1876. ', É., i, I (2) à Indian. Mail n duvilï mars 1876. ', .. (3) Alwadh A/rhbzlrdu 30 août 1876. ' ..Q., . 1 — 96 — •

dévots Hindous d'aller se baigner ce jour-là dans ce fleuve pour être puriüés de leurs péchés.

L'union des Hindous et des musulmans dans l'Inde est plus réelle qu'on ne croit. Les musulmans tachent d'expliquer conformément à leurs croyances, d'aprè•s l'éclectisme é du grand Akbar, les croyances hindoues..]'en ai cité dans l'occasion des exemples. J'en trouve aujourd'hui un non- • veau dans un gazal urdu sur la pierre, par un poëte de Laklinau, le rais Wajid Ali, élève de Dabir et (l'ACH' (1). Ce gazal, dont les vers se terminent tous par le mot patthar p « pierre à, et qui roule en général sur le ce cœur de pie1•re ww — de la maîtresse platonique de l'auteur, débute par quelques vers dont voici •la traduction 2

Et O brahmane, tu ne dois pas 1•endre à la pierre plus de respect qu'elle ne mérite, mais il est vrai que tu peux y voir l'image de Dieu.

ww Sévères prédicateurs, pourquoi méprisez-vous la pierre ? Les brahmanes en vénerent-ils les défauts ?... —w~ Le pèlerinage de la Mecque (hay') est-il valable si on ne baise pas la pierre noire (2) C'est ainsi que le culte de Dieu est complété par l'hommage qu'on rend à lapierre. wa A L'A7zjuman-i islcimiya de Dehli a tenu le 22 mai dernier " une séance sur laquelle je trouve les détails suivants dans le Pcmjcibî (3) : é

7 ic Beaucoup de membres distingués de la Société-prirent part à cette réunion. Le principal fut l'âge Haçan Khan Bahadur, qui a obtenu, à cause de son dévouement au gouverne-A L'ment anglais, une pension annuelle de mille roupies, et que le Prince de Galles a appelé en Angleterre. Le secrétaire Khwaja Ali Ahmad expliqua la cause de l'établissement de cette Société ;~ et il développa ensuite- tout ce qu'elle avait

'' Awadk Akkbdr du 3 janvier 1876.

' (2) Voir ie Ylslamîsme », article du Pèlerinage, p. 277. • (3) N° du 10 juin 1876. fait jusqu'alors. Puis le munschi Muhammad Mabmud ulhaçan parla du titre de scheîhinscheîh (impératrice) de la R'eine Victoria ; et il expliqua en abrégé ce qu'avait exposé V Mr. Disraëli, grand vizir dhéingleterre (aujourd'hui Earl of Beaconsfield), au Parlement. Il assura que les mïiyas del'Inde, bien loin d'être mécon-tents de ce titre, en seront au contraire très-satisfaits, et qu'il faudra, aussitôt qu'on en aura proclamé dans l'Inde l'annonce officielle, que les sujets (indiens de la Reine lui envoient une adresse de félicitation. si

La Société Islcîmiya de Calcutta, qui existe depuis quatorze ans sous les auspices du gouvernement et qui se compose des membres les plus distingués de la communauté musulmane, est allée le 20 avril dernier offrir des félicita- • tions au nouveau gouverneur général, qui l'a assurée qu'il coopérerait de son mieux aux vues généreuses de la Compagnie pour l'amélio1•ation de la communauté musulmane. Il p a reconnu tout le bien qu'elle avait fait jusqu'ici en établis- • sant des bibliothèques et des salles de lecture pour répandre parmi les musulmans l'instruction dont le manque était seul cause de ce qu'au commencement de la domination anglaise on n'avait pas eu recours à leurs services, ce qui n'a plus lien maintenant (1).

La Société islamique (Anjimzem-7] Islcîm) de Bombay est ' très-prospère. Elle a présenté le 24 août une adresse à Sir Salar Jang, à son retour dans l'Inde par Bombay, pour le féliciter sur son heureuse arrivée. Cinquante membres de la Société étaient présents, ayant à leur tête le président Camar uddin Taïyab Ji. Sir Salar a remercié la Compagnie de son attention, et il a exprimé la sympathie qu'il éprouvait pour elle. Il est reparti le•25 août pour Haiderabad, où il a été reçu avec la joie la plus vive (2).

(1) Panjdbî du 6 mai 1876.
(2) « Indian Mail » du 15 et du 25 septembre 1876. 7 '
98....

De son côté, la Société islamique de Lalxhnau a manifesté son existence en publiant son 1•èglement(daslzZ9') en urdu (1). 1 Sous le titre (l'.Él)2 ;].Zt77Z£J17L••'i tahzîb, il a été établi ai Cawnpur une Société qui a pour but de pourvoir a l'éducation et à llîn- struction des orphelins musulmans. Un autre objet que cette Société a en vue, c'est de réparer les mosquées et de les entretenir en bon état, de mettre des seaux et des cordes naux puits qui sont auprès de ces édifices. Plusieurs mosquées ont été réparées par les soins de cette Société, et elle a l'intention d'en réparer d'autres. Quant aux enfants musulmans qui sont orphelins et que le gouvernement avait confiés à des chrétiens, la Société devra s'ez1 charger, et leur donner u11e éducation et une instruction complètes (2). Le lieutenant gouverneur du Penjab et le commissaire de Lahore, ont déployé beaucoup de générosité et de bonne volonté pour une chose dont tous les musulmans sont très- satisfaits. Voici ce dont il s'agit. La mosquée dorée (Sonharî masjid) de Lahore était depuis longtemps ruinèe et hors de ' service, et on en avait en vain demandé à plusieurs reprises la réparation au gouvernement. Or, auprès de cette mosquée il y a trente boutiques qui appartiennent au gouvernement et qui sont louées annuellement cinq cents roupies. Beaucoup d'habitants de Lahore ont adressé collectivement une pétition au gouvernement, demandant qu'o11 appliquât à la réparation de la mosquée le montant du loyer de ces boutiques. Ce désir a été pris en considération par le gouverneur, et il est maintenant à espérer que l'argent qu'on retirait de ces boutiques sera employé ai la réparation et à la mise en état de service de la mosquée susditc, et qu'elle Sera ainsi conservée longtemps encore (3).

(1) En 6 pages in-80, en 1875. q
(2) Panjcîbî du 11 mars iS76.
(3) flwad/2 /I/shbzîr du 25 janvier 1876, d'après le Rohillthmzd Akhbdr. i v '

Le'Al£gm-h Alchbrîr (1) fait observer, d'après le Pioneer, que l'Angleterre est la Épremière puissance musulmane du monde ; car elle a dans l'Inde cinquante (2) millions de musulmans qui lui sont soumis. Dans le Bengale seul il y a pius de musulmans qu'on 11'en trouve en Turquie et en Égypte, pays qui sont, censés musulmans. »

Les musulmans sont, malheureusement pour eux, divisés en plusieurs communions, si je puis me permettre d'employer cette expression chrétienne à leur égard ; et ces divisions existent dans l'Inde. Il y a d'abord les sumzis ou sunnites, qui se considèrent comme « orthodoxes », puis les ° scizfas ou schiites (3), considérés comme « dissidents », et enfin les wahcîbî ou tvahabites, qui sont les « radicaux musulmans sa. Dans l'Iude, les musulmans éclairés de ces trois groupes vivent en assez bonne intelligence, et le musulman libéral Saiyid Ahmad Khan les admet sur le pied d'égalité dans son grand illadmçal ulisldm. Cependant les schiites du Penjah réunissent des fonds pour établir une école de leu1• y l. secte ài Ambala.

De même que da11s l'Église chrétienne des âmes géné- ' reusescherchent depuis longtemps les moyens de réunir les (1) No du mai 1876.

(2) 'Aligarh Akhbzîr du 25 août 1876.

On nomme aussi les•.s-chi'as imamiens, parce qu'ils ont une grande dévotion envers les douze imans, spécialement envers le dernier, l\iuhammad Mahdi ou u le chefn, qui disparut à l'âge de douze ans et qu'ils croient devoir revenir à la fin du monde avec le Christ, et c'est ainsi qu'ils sont aussi nommés makdiyzî ¤ mahadiens iv. C'est sous ce ' dernier nom, qu'on a désigné le Pathan qui assassina, à Haïderahad, par fanatisme sectaire, pendant le séjour du Prince de Galles dans l'Inde, le munschi du Nizam, qui était sunnite, pendant qu'il faisait sa prière dans une mosquée. Les dernières insurrections dans la Turquie d'Europe sont, sans doute, cause que le bruit a été répandu dans l'Inde que des musulmans de Bombay avaient reçu des lettres de la Mecque annonçant l'apparition de l'iman Mahdi et une guerre religieuse générale, suiviedu millénium musulman. Quoi qu'il en soit, les schiites ont fait, dans les mosquées, des ' prières spéciales à cette occasion. ' — 100 -

Églises, ainsi dans l'islamisme un excellent saîyid, •Ulfat Huçaîn, de Dehli, a adressé au Panjcîbî (1) une lettre pour indiquer ce qu'il y aurait à faire pour obtenir un rapprochement entre les sunnis et les schi'as. <= Il faudrait, écrit-il, qu'on ne dit jamais rien contre les compagnons du Rrophète ou contre ses femmes ; qu'on n'employàtAjam ais en parlant des adversaires les expressions de wmzî « hérétique » ou khdrtji « schismatique >> ; qu'on s'abstînt, conformément au Pentateuque, de-manger du fièvre, des coquillages, du paon et du perroquet ; d'assister aux cérémonies du muharram, a moins qu'elles ne soient conformes à la loi ; et d'observer les fêtes de la naissance et de la mort du Prophète. Quant à l'imamat du douzième imam, il est intérieur, et, non extérieur. i. ï

Dans tous les cas, il faut éviter le fanatisme de part et d'autre, il ne faut pas se maudire et s'injurier. On peut laisser aux sunnites morts leur turban ; mais mettre'un Coran dans le cercueil, c'est un manque de respect, Dans tous les cas, il faut demander à Dieu d'amener l'accord'de tous les, musulmans et de noircir le visage des hypocrites, » Toutefoisb malgré tous ces bons avis, alla suite d'une échauffourée sanglante qui a eu lieu à Haïderabad entre les sunnis et les scl1i'as, imamiens ou mahdîyiah, on dit que Sir Salar Jang a l'intention de renvoyer de la ville les sunnis pathans, qui y sont au nombre de dix mille (2). L L'islamisme continue ai faire des progrès dans l'Inde. Ori s'imagine généralement que les femmes y sont opposées, et que ce sont plutôt les hommes qui l'adoptent. Le contraire est récemment arrivé dans le Sind, car, nous apprenons que dans cette province la plupart des femmes ont adopté l'islamisme (3).

(1) N°•du 17 juin 1876.
(2) ¢ Indian Mail ¤ du 13 mars 1876.
(3) flwadh /Ik/zbdr du 21 novembre 1875. — 101 —

A'Kattywar, un jeune Hindou s'étant fait musulman, sa famille est allée chez son tuteur seplaindresde cette sorte d'apostasie ; mais il paraît que la famille a été calmée par le (don'qui lui a été fait de trois mille roupies (7,500 fr.) (1). J'avais bien raison l'an passé (2) en disant que ce ne pouvait être qu'a l'•ouvrage de Mr. R. B. Smith, intitulé au Mohamad and Muhamadanism (3) », que se rapportait ce quedit le Panjtîbî « des membres recommandables des autres religions et des savants d'Élngleterre qui ont écrit en (faveur de l'islarnisme et dont les ouvrages ont même été traduits en hindoustani ». En effet, je trouve dans l'Awad/z Ak/zlnîr (4), sous le titre de '« Bonne nouvelle pour les musulmans >>, la conûrmation de ma conjecture ; nous y lisons une lettre que le savant professeur d'arabe, de persan et d'hindoustani de l'Un iversité de Dublin, Mir Aulad Ali, a adressée ' au munschi Nawal Kischor, directeur du journal, qui. avant de l'insérer dit qu'on distingue, parmi les ouvrages gue les savants ew-iz-em'de iehqss en iengas en Jîwear de l'islamisme (5), un livre considérable publié par un savant anglais (R. Bosworth Smith) et qui a eu plusieurs éditions en Angle-B terre ; mais les habitants de l'Inde sont, dit-il, jusqu'ici privés de le lire parce qu'il est écrit en anglais ; c'est pourquoi Aulad Ali l'a traduit en urdu et veut le publier d'abord dans lïélwadh Alvbhcîig, puis à part, afin qu'il soit connu de tous les musulmans. « Il est vrai, ajoute le rédacteur de ce journal, d qu'on ne doit pas se mettre en peine de ce que peuvent penser sur notre religion ceux qui en professent une autre ;

(1) './llîgarh Alahbzir du 6 octobre 1876, d'après le Jzîm-i Jamsched. u La Langue et la littérature hindoustani es en 1875 n., p. 65 et 66. ' (3) L'./lwadh Alshbzir du 24 mai 1876 annonce longuement la nouvelle édition de cet ouvrage. •

(lo) 'N° du *22 décembre 1875.

(5) Peut-être y suis-je compris, à cause de mon ouvrage intitulé l' ¢ Islamisme 1, dans la préface duquel je relève, tout en faisant ma profession de foi chrétienne, les absurdités qu'on a propagées contre la religion musulmane. — 102 —

mais néanmoins, lorsqu'une personne étrangère il notre croyance s'énonce à son égard sans fanatisme, on en éprouve d'autant plus de joie qu'on sait que beaucoup de gens d'esprit qui habitent lïtingleterre sont d'accord là-dessus. Combien n'est-il pas à désirer que les journaux anglais de l'Inde abandonnent leurs idées étroites, en sorte qu'il y ait entre chrétiens et musulmans une union digne de gens sages (1) ! ~ » Voici au surplus l'abrége de la lettre du saïyid Aulad Ali, en date du 11 novembre 1875 :

il Bien que vous soyez naturellement favorable à la religion des Hindous (2), néanmoins, comme au moyen de vos publications vous avez favorisé le progrès des sciences arabes, persanes et hindoustani es, et comme par les traductions que vous avez publiées des ouvrages anglais, les habitants du monde (indien) ont reçu de grands avantages, entre autres les musulmans pour lesquels vous avez édité le noble Coran et les livres des hadis, cc qui fait honneur a votre caractère, j'espère que vous donnerez dans votre journal la traduction que je vous envoie de quelques idées contenues dans l'ouvrage remarquable de Mr. B. Smith. J'ai en etl'et l'intention de faire un choix dans cet ouvrage et de vous demander d'en imprimer de temps en temps des fragments. Puis, quand ma traduction sera terminée, je la ferai imprimer avec la permission de l'auteur. Comme depuis longtemps les Hindous~ et les musulmans habitent le même pays, ils vivent fraternellement ensemble, et lorsqu'on publie un ouvrage impartial sur leur religion sans aucun motif humain, mais seulement dans l'intérêt de la vérité, ils y font grande attention. C'est ainsi que l'ouvrage intitulé : «•Moha• A mad and Muhamadanism », qui a été imprimé en Angle~ terre et en Amérique et qui est de nouveau imprimé à (1) Celui qui écrit ces lignes est un Hindou, ce qui est à noter. (2) Cette lettre est adressée au propriétaire de l'imprimerie de l'Awadh :1/ihôdr, Nawal Hischor, dont le nom seul indique la religion. — 103 —~

Londres, a attiré l'attention générale, comme le témoignent les articles qui ont paru sur cet ouvrage non-seulement en I Angleterre, mais dans toute l'Europe et en Amérique. J'espére de même qu'on en insérera mes reproductions dans l'AÀ•h12zîr-z'Yîlam de Mirath, dans le Panyâbî, dans les jour-, naux islamiques de Dehli, de Rampur, d'Haïderabad, etc., et même dans quelques journaux chrétiens. Il est enfin a désirer que ces passages éclectiques soient connus dans les trois présidences de l'Inde., •

Le livre de Mr. B. Smith se compose de quatre lectures A ou chapitres : Introduction, •itIahomet, islamisme, islamisme et Christianisme. Les journaux anglais grands et petits, soit journaliers, soit hebdomadaires, ont tous fait l'éloge de la capacité et de la science de l'auteur, de son équité et de sa franchise, et de l'excellence de son ouvrage. C', est ainsi que je me suis décidé à choisir dans ce livre ce qu'il m'a paru utile que mes frères musulmans connaissent et aussi les journaux chrétiens bien intentionnés de l'Hindoustan, et o même spécialement quelques pe1•sonnages tels que Sir W. inuit (1), afin qu'ils sachent ce qu'un de leurs compatriotes pense des musulmans, d'autant plus que l'auteur, en bien des endroits, a donné des réponses aux arguments de • Sir W. Muir. Je remercie Dieu de ce qu'à la En du treizième siècle (de l'ère musulmane) il s'est trouvé un auteur chrétien quiait dit la vérité sur la religion de Mahomet ; car jusqu'ici, que de calomnies n'avait-on pas accumulées contre elle l vv Z

Ici le munschi Aulad Ali prend la peine de traduire tous les articles favorables à l'ouvrage de Mr. Bosworth Smith qui ont paru dans le Saturday Review, l'Az'hemeum, l'Aca (1) Ce savant homme d'État a publié, entre autres, une remarquable V a Vie de Mahomet ai en quatre volumes in-8°, et tous les textes du Coran, enfarabe et en anglais, favorables au christianisme, sous le titre de « the Testimony born by the Coran on the jewish and Christian Scriptures ». — 104 —

demy, le Gurzrdimz, l'Eœamineo•, le Daily Telegraph, le Daily News, le Il/'estminster Review et plusieurs autres journaux anglais. Il aurait pu y ajouter la traduction de plu-•« sieurs a1•ticles français, notamment de celui du Polybibliowz, qui, bien que très-catholique, est, malgré quelques réserves, favorable a l'ouvrage de Mr. B. Smith. Il aurait pu même citer ce que j'en ai dit en otlrant à l'Institut cet ouvrage de la part de l'auteur.

Mir Aulad Ali ajoute ensuite :« Un écrivain anglais, grand arabisant, le Dr. Badger, dans 1 e Contemporary Reeiew, s'exprime ainsi qu'il suit relativement à Mr. B. Smith (1). Le vrai but de 1'auteur est de dire ce qu'exige la justice au sujet de la religion de Mahomet avec candeur et méme',] 'avec hardiesse. Il était, en effet, essentiel de taire connaître la vérité sur cette religion, qui est professée par un sixième des créatures humaines et particulièrement à cause des mil ; lions de musulmans qui sont soumis dans l'Inde à l'Anglc-terre, et ainsi l'auteur est digne de toute louange. 6 Bien que le munschi Aulad Ali diffère de Mr.•B. Smith sur quelques points, il 11'hésite pas à recommander la lectu1•e de son livre a tous les Anglais qui appartiennent a l'ad-• administration ou qui y aspirent, et particulièrement aux missionnaires chrétiens. « Mahomet a eu toute sa vie la prétention d'être pour tout le monde véridique et très-véridique, et d'être le messager de Dieu (Ragzîl ullah). Mes amis, dit en terminant le munschi Aulad Ali, que vous soyez D chrétiens ou musulmans, adoptez cette profession de foi.: Il îlly ez de Dieu gué Dieu, et Mahomet est son e7woyé..Les musulmans et les vrais chrétiens sont d'accord pour la première partie, adoptez aussi la seconde avec Mr. Smith, savant distingué d'Angleterre. » j

Enfin, comme échantillon de l'ouvrage de Mr. Smith, le V

(1) Il est à remarquer que Mr. B. Smith n'a. acquis ses connaissances sm-l'islamisme que dans les livres écrits par des savants européens. —~ 105 •—

xuunschi donne la traduction de deux passagest'1) de l'ou-•. vrage dont il s'agit, passages que je vais reproduire à mon tour, à la fois d'après l'hindoustani et l'anglais, afin qu'on voie que les assertions de Mr.' » B. Smiths n'ont pas la portee que leur attribue Aulad Ali. Voici d'abord le premier passage :

De ce que-j'admets que la propagation de l'islamisme a eu surtout lieu par l'épée, il ne s'ensuit pas qu'il faille la condamner par cela seul d'une manière abstraite et d'un haut point de vue. L'épee est un instrument sans pitié, mais il est certain que l'idée qu'une-religion ne peut se répandre ' qu'an moyen du sabre, cette idée, bien qu'absurde, a été sou- • tenue maintes fois. Quoique les Arabes fussent à demi barbares, cependant les nations qu'ils conquirent ne les considérèrent pas néanmoins comme tels. En efl'et, leurs guerres n'eurent pas seulement pour but le pillage et la dévastation, q comme celles d'Alaric et de Genséric dans les temps anciens, de Jengbiz Khan et de Tamerlan dans les temps plus mo ; dernes ; ni comme celles d'Attila, qui était la destruction •• incorporée, « le fléauide Dieu », comme il se disait être, au point, assurait-il, que l'herbe ne croissait jamais sur le sol qulavait foulé son cheval. Mais des conquêtes musulmanes il serait plus vrai de dire qu'après les premiers flots de l'invasion, là où il croissait un brin d'herbe, il en croissait deux : il en était comme de l'orage qui fertilise en détruisant ; car d'une extrémité à l'autre du monde les musulmans répandirent, avec leur religion, les semences de la littérature, du commerce et de la civilisation. Et comme ces semences par la suite des temps disparu-rent dans une partie du"monde musulman, elles reparurent dans l'autrel Ainsi, quand elles s'évanouirent avec la fin du khalifat abbasside sur les bords du Tigre et de l'Euphrate, elles p1•irent une nouvelle nais(1) Le premier, de la page 154-155 ; le second, de la page 157. I — 106 —

sance sur les bords du Guadalquivir et de la Guadiana. Bagdad succéda aux splendeurs et à la civilisation de Damas, ' le Caire à Bagdad, et Cordoue au Caire.}> Voici le second passage : « L'islamisme est-il la seule religion qui ait essayé de se propager par l'épée ? Il est vrai qu'une guerre sainte soutenue par les chrétiens est en contradiction directe avec l'esprit de son fondateur, tandis 'qu'une guerre du même genre est tout à fait conforme au précepte et à la pratique du Prophète ; ainsi il n'y a pas de comparaison a faire à ce sujet entre les deux religions. Les moyens autorisés par le Christ pour propager sa religion ont — été seulement moraux et spirituels. Ceux qui sont autorisés — - par Mahomet sont d'abord l'exemple et la persuasion, et à. défaut in

X Un p1•ofesseur de l'Université de New-York, Mr. T. W. Draper, dans son ouvrage sur « les conflits de la science et de la religion », parle avec respect de Mahomet. Il va jusqu'à dire, qu'au sixième siècle Mahomet reprit la tradition de Nestorius sur l'unité de Dieu, et que, grâce au mahométisme, le Dieu unique triompha et la doctrine de l'unité divine s'établit dans le monde. Mais il faut savoir que Mr. Draper est hostile au christianisme orthodoxe, et qu'il ne sait qu'inSulter tout ce qui est vraiment chrétien (1).

On a récemment publié à Bombay un ouvrage de controverse en taveur de la religion musulmane, traduit de l'arabe sous le titre de Zafar-é jazlîl « la Victoire éclatante >>, par Cutb uddin, de Dehli '(2) ; et à Lakhnau, en 1875, une brochure musulmane en réfutzition des doctrines chrétiennes par Muhammad Rukn uddin et intitulée : Uçzîl-i butlrizz-i Jllezzhab-zi'Igçiȴ « Principes sur la vanité de la religion chrétienne ».

Un journal de Saint-Pétersbourg nous apprend que les (1) W. Guettée, ¤ Union chrétienne sv, n° de mars 1876, (2) In-8° de 268 pages. '

I — lO7 —

musulmans s'agitent dans tout le continent asiatique, ce qui annonce que l'islainisme est bien loin de s'effacer, comme quelques personnes le croient en Europe et comme l'espère, avec tous les bons chrétiens, le savant et respectable évêque de Lincoln, le T. R. Dr. Ch. Wordsworth (1). Ce mouvement ne vise à rien moins qu'a une régénération compléte de l'islamisme. Il se manifeste non-seulement en Turquie, mais à Bolrhara, à Khiva., ài Khokhand, E1 Kaschgar. En Chine, les musulmans cherchent toujours à secouer le joug chinois. Il parait qu'ils y font de grands et rapides progrès (2), et qu'ils se préparent même, dans les provinces éloignées du centre, à une nouvelle insurrection qui sera cette fois soutenue par des tribus guerrières non musul-• manes, impatientes du joug compassé de l'empire dit ce Céleste ». Dans le Tonquin il y a cinquante mille musulmans habillés à la chinoise, mais fidèles à leur religion. Ils y ont dix mosquées dans lesquelles ils font leurs prières (3). ~ Dans l'Inde ils savent se faire craindre, et obtenir des con- (cessions du gouvernement anglais ; partout enfin il y a chez eux un véritable réveil qui semble excité par le dédain européen.

Yacnb Khan, chef de Khaschgar, a accueilli avec honneur. leneveu du gouverneur de Moméin qui, avec une trentaine de ses officiers, mourut l'épée à la main pour soutenir l'indépendance musulmane, et il a témoigné l'intention de recevoir volontiers les réfugiés musulmans de la Chine (lt). A.Lakhnau, le 8 novembre 1875, Mirza Kalb Ali Khan fit une conférence devant beaucoup de notables indigènes et Européens, dont l'/lwmlh./1Ã*hl2¢Z1• donne la liste (5), sur un • (1) à The Mohamedan Woe, and its passing away, a sermon w, in-80, Mg. Pamjâbî du 12 juillet 1876.

(3) Awad/z /1/shbzîr du 30 avril 1876. ' (4) « Indian Mail » du 12 juin

1876.

(5) l\l° du 12 novembre 1875. — 108 —

voyage d'un an et demi qu'il a fait en'Europe. On fut charme des détails dans lesquels il entra sur les merveilles de la ville de Lond1•es et sur le gouvernement anglais, sur la belle ville de Paris et sur celle de Constantinople, ou il assista il la fête du cluhcî (1). Le Mirza a l'intention de ~ publier cette conférence, qui ne manquera pas d'être lue avec intérêt.

Les musulmans de Calcutta et de Madras, ces derniers a la suggestion du prince d'Arcate, ont accompli des cérémonies funèbres à propos de la mort du sultan Abdul Aziz. - Apparemment la chose a eu lieu avant qu'on eût appris que le sultan s'était suicidé, car les musulmans de Bombay, qui voulaient aussi oH'rir des prières solennelles au sujet du même décès, en ont été empêchés par le cazi à cause de ce A suicide (2), et ils ont dû se borner a des prières sans solennité pour demander à Dieu de pardonner ce crime (3). Et a ce propos je dois dire que les musulmans, de l'Inde sympathisent avec ceux de Turquie dans la guerre actuelle, et qu'ils ont ouvert une souscription pour contribuer aux frais énormes qu'elle occasionne. L'Awad/z Alebhâr du 16 août, après avoir donné la liste des souscripteurs de l'empire ottoman, en tête desquels se trouve le sultan pour un lakh cinquante mille roupies et la sultane Walîda pour cinquante mille roupies, engage les musulmans de l'Inde-à suivre leur exemple. Il y a plus, car on a annoncé qu'il s'est tenu à Bombay le 24 septembre un grand meeting de musulmans, dans lequel il a été résolu d'adresse1• ti la Reine une pétition afin de la prier de ne faire dans sa politique aucun change meut qui puisse tendre au démembrement de l'empire turc. Il a été tenu un autre meeting de musulmans à Cal(1) rOu ¢ fête du sacriüce w, qu'on nomme aussi bacm•'îd ¤ fête du taureau w. Elle est célébrée le 10 du zi/eüja, douzième mois musulman. (2) rs ludiim Mail n du Ã février 1876.

(3) Voir lefetva dans ¤ l'islamisme w, p. 192. E — 109 —

cutta pour faire acte à ; la fois de sympathie envers la Turquie et aussi de dévouement à l'impératrice de l'Inde.' Plusieurs autres manifestations du même genre ont eu lieu. Yenons-en aux conversions à l'islamisme dans l'Inde. Et d'abord je dois remarquer que les musulmans se sont maintenant multipliés plus même qu'ils ne le firent pendant leur suprématie. Que dis-je ? des Européens se joignent à eux. Cette année encore j'ai à signaler quelques conversions. Voici en quels termes liélwacl/z Alchbdr (du 2 juin 1876) en annonce une : « Thomas William Pradiston, City magistrat, de Londres, fait savoir qu'il a eu l'honneu1• d'être reçu dans l'islamisme leaf}. ? mai passé. »

A Calicut, un fonctionnaire de l'État qui venait de Rangun, dit le Dabdaba-i Silacmdari (1), a embrassé solennellement dans la mosquée cathédrale la religion musulmane. » tn Un musulman ; nommé Ramazan Khan de Suhagpur, dans le zila'de Hoschangabad, trompé, dit un journal hindoustani (2), par MM. les missionnaires, était devenu chré-• tien ; mais peu de temps après il'eu eut du regret, et il eut le bonheur de rentrer dans le sein de l'islamisme. A vnns.

C « Il allait tout droit à la Caaba ; mais il fut retardé dans le chemin ; c'est qu'il y avait la des serviteurs des idoles. Grâce à Dieu, tout a bien fini. »
'

Un journal d'Aoude donne une singulière nouvelle. Il nous fait savoir qu'en juin dernier un Irlandais s'est adressé au magistrat de Lakhnau pour obteni1• la permission de se faire musulman.

Mais ce qu'il y a de bien plus extraordinaire que tout cela, c'est la conversion à l'l1hindouisme d'un jeune Anglais

(1) N" du 17 juillet 1876. A

(*2) L'/lwadh Aklzbdr du 21 juillet 1876. ' de Simla, qui s'est fait jogui (1) et s'est mis sous la direction spirituelle du desservant d'un temple hindou situé au sommet du mont Iako (2).

VII. J'ai, l'an passé (3), entretenu mes lecteurs, avec quelque étendue, des missions protestantes de l'Inde. Comme appendice à ce que j'en ai dit, je vais maintenant traduire ce qu'a écrit à ce sujet le journal indigène, quoique écrit en anglais, « The Pioneer » :

«¤L'histoire des jésuites, lit-on dans ce journal (ll), est une longue suite de merveilleux exploits de propagande. d Dans la Chine, dans le Paraguay, dans l'Inde, •ils sont inconcevables. On les a accusés d'adapter le christianisme à l'intelligence de ceux qu'ils voulaient convertir, et d'avoir Y adopté des cérémonies et des rites païens qui à la longue détruisaient leur œuvre. A cela on peut répliquer que sans rees concessions ils n'auraient pu s'attendre à aucun résultat, et qu'un maître doit approprier sa méthode ai ses élèves. L'esprit tolérant des missionnaires jésuites est préférable à la bigoterie des ecclésiastiques protestants, dont il a été dit qu'ils agissent souvent comme s'ils voulaient choquer les préjugés des peuples, et qui représentent il ceux d'une croyance différente le christianisme actuel comme une réunion de doctrines définies, mais mystérieuses, qu'il faut accepter entièrement ou pas du tout.

>> On apercevait un esprit tout différent dans François- ' Xavier et dans Schwartz. Le premier adopta les habitudes et la mince nourriture des ascètes indiens, le second toléra parmi les convertis la distinction des castes. L'un et l'autre

(1) u Pénitent ¤, nom général qu'on donne aux faquirs hindous.

F 'flligar/L xlkhbzîr du E août 1876.

« La Langue et la littérature liindoustanies en 1875 », p. Sh et suiv. •

(lo) ¢ Indian Mail n du 25 mars 1876. — 111 —

cherchaient à se rapprocher le plus possible de l'esprit de leurs élèves et à les élever peu à peu à leur propre niveau. C'est en quelque façon d'ap1•ès le même système que certains missionnaires se bornent presque exclusivement à l'éducation. Ils ont appris à reconnaître l'hindouisme comme s un corps de croyances et d'idées qui, bien que logiquement absurdes, sont 11•op fermement mêlées avec les fondements. de la société pour qu'elles puissent en être arrachées tout à coup. La société doit être améliorée et recevoir une sorte d'éducation avant de consentir E1 renoncer aux superstitions du passé. J us qu'alors une religion plus élevée ne pourra être reçue, ou, si elle l'est, elle ne le sera que d'une manière imparfaite et défigurée. Comme instituteurs, les missionnaires protestants ont obtenu dans lllnde un remarquable succès. En comparant leurs écoles avec celles qui sont sous * la surveillance de l'État, on n'au1•ait qu'un témoignage insuffisant de ce qu'elles ont accompli ; mais nous devons jeter un coup d'œil en arrière sur les trente dernières années, pour voir combien le mouvement concernant Yèducation 's'est répandu dans l'Inde. Nous trouverons alors que les chefs du mouvement ont été des missionnaires, ou du moins que c'étaient des missionnaires qui les soutenaient ; on peut donc dire que, dans tous les cas, c'est aux travaux des missionnaires qu'on doit surtout l'instruction et la civilisation européennes dans l'Inde. Toutefois les'missions ont échoué dans leur attaque directe cont1•e l'11in'douisme. Il parait incontestable que les doctrines distinctives que les missionnaires envoyés par des sociétés d'Europe sont chargés d'enseigner ne seront jamais celles des peuples de l'Inde. L'hindouisme, dans sa forme actuelle, parait destiné à cesser d'exister, mais il paraît non moins ce1•tain que le christianisme ne le remplacera pas (1). Ce qu'il y a maintenant de ' (1) Loin d'admettre ces opinions du à Pioneer n, je les crois}l'ausses. D'ailleurs, le rédacteur de ce journal me paraît être un Hindou libre l ti

— 112 —

vie dans la pensée indienne s'occupe, soit d'idèes antichrétiennes, soit d'un système de mo1•ale qui repose sur d'autres bases que sur, des bases surnaturelles. Il a été remarqué par d'ingénieux critiques que la littérature chrétienne indigène ne montre aucun signe de pensée indépendante ou, d'enquête judicieuse. On n'y sent que la saveur d'une lourde orthodoxie. Il semble qu'on devrait s'attendre à ce quegla nouveauté des doctrines ferait naître des observations et des débats au moins chez quelques-uns des convertis, mais la chose n'a pas eu lieu, ce qui prouve le peu de consistance de l'Église indigène. Ce sera un jour heureux pour les missions de l'Inde lorsque la littérature chrétienne indigène deviendra critique aussi bien que dogmatique. » ll est vrai que, malgré toutes les peines que se donnent et les sommes que dépensent les membres des communions chrétiennes non romaines confondus sous le nom de protestants pour l'œuvre des missions, elles n'avaient oncorefait dans l'Inde, en 1872, que trois cent dix-11111t mille trois cent soixante-trois conversions parmi les indigènes, tandis que vers la même époque, lors du concile du Vatican, on comptait dans l'Inde un million soixante-seize mille cent deux catholiques (romains). Toutefois, d'après le dernier recensement officiel, il n'y avait que huit cent quatre-vingt seize mille six cent cinquante-huit chrétiens (1). Quoi qu'il en soit, les missionnaires catholiques ont évangélisé l'Inde depuis bien longtemps, tandis que ce n'est, relativement,

penseur. Ses considérations ne doivent pas décourager les missionnaires : B0 undless as ocean's tide,

Rolling in fullest pride,

Through the world, far and wide

Let then be light.

(Hymne ancient and modern, n° 220.)

(1) L' ¤ Indian Mail a du 9 septembre 1876 ne porte qu'à deux cent soixante-six mille trois cent quatre-vingt-onze le nombre des chrétiens indigènes de l'Inde. li •— IISque

récemment ; que les protestants ont voulu rivaliser de zèle avec les'catholiques. Maintenant même les catholiques • font encore beaucoup de prosélytes, et en 1875 les recettes pour l'œuvre de et la Propagation de la foi wi se sont élevées à cinq millions sept cent quatre-vingt-quinze mille quatre cent soixante-trois francs.

' Les protestants n'ont que quatre évêques, tandis que les catholiques en ont vingt, dont un archevêque à Goa ; mais ' tandis que non-seulement les Aévêques, mais les prêtres catholiques, sont, sauf très-peu d'exceptions, des Européens, ' on comptait, à l'époque mentionnée plus haut, trois cent quatre-vingts Indiens ordonnés prêtres de l'Église anglicane. L'œuvre des missions protestantes, je dois le dire dans l'in-W térét de la vérité, bien que je sois catholique, n'otl're donc pas un véritable insuccès, comme le veut le Pioneer (1), et dans tous les cas les missionnaires amènent indirectement • les Indiens au christianisme, ainsi qu'on vient de le voir, au moyen de'leurs écoles, qui sont au nombre de trois mille quatre cent cinquante et une (2). Espérons donc la conver- A sion des Hindous, ce qui serait pour eux la meilleure réali- • sation des visions de leurs oracles, l'accomplissement des désirs de leurs sages. Elle dégagerait le bien du mal, elle-dissiperait les nuagès qui leur cachent la face du vrai Dieu, » et on peut dire à ce sujet avec le Rév. R. Caldwell (3) : • Immortal east ! denr land ot'glorious lays ! L See here the « unknown God n ol'thy unconscious praise., Le bouddhisme, •don't o11 vante avec juste raison l'humanité et la compassion, et qui à l'extérieur ressemble au chris(1) ll a paru un ouvrage pour réfuter cette opinion. Il est intitulé : rHave'missioi1s to the heathen been a failure ? An answer to some popu-Iar objections. By the Rev. H. R. Symonds. »

(2) n Present results and future prospects ot'existing missions in In- • dias, p. Ut et 27.

(3) à Relation of christianity to hinduism s, p. 55. S D — 114 —.

tianisme romain, vaut moins encore en réalité que l'hindouisme, car il ne prêche que Pathèisme, le nihilisme et le désespoir (1).

L'islamisme, qui annonce le vrai Dieu vivant, les récompenses et les peines futures, est donc bien au-dessus de ces religions si évidemment fausses. Comme il est fondé sur la Bible, il semble en préparer le triomphe, mais c'est précisément parce qu'il est plus rapproché de la religion chrétienne qu'il y est plus hostile, convaincus que sont les musulmans qu'ils possèdent la vérité tout entière, tandis que le christianisme seul est le vrai interprète de Dieu pour l'homme. Ne disons donc pas avec Longfellow :' In the sight of God

Perhaps all men are heretics. Who dare

To say that he alone bas found the truth ? D A ' Dans un savant écrit sur le « Progrès comparatif des missions anciennes et modernes (2) », le Rév. J. B. Lightfoot combat l'idée généralement reçue que les missionnaires actuels ne font pas ou presque pas de prosélytes dans l'Inde, tandis que les anciens apôtres chrétiens, comme on vient de le voir, en firent un très-grand nombre ; car on sait que 'saint François Xavier et ses compagnons convertirent cinq V cent mille Tamouls, et les Hollandais trois cent mille Singalais ; mais c'est qu'ils avaient affaire à des populations peu avancées en civilisation ; ils étaient favorisés par les princes du pays, ils ne touchaient pas au régime des castes, et d'ailleu1•s il n'y avait pas de musulmans dans les parages où ils exerçaient leur zèle. La diffusion du christianisme est nécessairement lente chez un peuple ou la religion est essentielle meut mêlée à toute la vie civile. Il en fut de même dans l'empire romain ; mais alors comme aujourd'hui la qualité conipensait souvent ce qui manquait en quantité., car (1) Ibid., p. 13.

(2) « Comparative progress ot'ancient and modern missions. v — 115 — '

on cite des exemples frappants de conversion chez des Hindous et même chez des musulmans très-instruits. On trouve B même quelquefois la quantité, puisqu'en Birmanie on comp- 7 tait déjà, en 1861, soixante mille chrétiens (non catholiques romains). Il est de fait que le manque d'unité dans le chris- p tianisme fait tort à la propagation de l'Évangile, comme, au A o commencement de l'Église, les ébonites, les basilidiens, les ophites, les valentinites, les marcionites, etc., y firent du, tort. » 2

Le christianisme dans l'Inde doit avoir un cachet particu- A lier. L'ext1•ème gravité et les longs sermons anglais ne lui, conviennent pas ; il faut donner un peu plus aux sens, mais I sans tomber dans l'excès contraire. Sir H. E. Bartle Frere, . ancien gouverneur de Bombay, qui a accompagné dans l'Inde le Prince de Galles, a dit dans une conférence, en 1872 (1) : F La prédication du christianisme dans l'Inde, au milieu o de cent soixante millions d'Hindous et de musulmans civi- ï Iisés et industrieux, opère des changements moraux, so- ' ciaux et politiques, bien plus extraordinaires pour leur éten- ' due et leur rapidité que tout ce qui s'est passé dans l'Europe moderne. » • —v

Le caractère oriental de la Bible convainc heureusement- les Indiens que la religion qu'anno11cent les missionnaires n'est pas une religion anglaise, comme le peuple indien pourrait le croire. Le Rév..1. Long (2), de Calcutta, l'a bien prouvé dans son attachant ouvrage sur ce les vérités scripturales élucidées par les usages et les proverbes orientaux » (3), dont il prépare une nouvelle édition très-augmentée. A A Dehri-sur-le-Sone, le 20 octobre 1875, la conversion r

(1) n The Value of missions in India s, p. Ut. (2) Ce célèbre missionnaire a fait, au Congrès dés orientalistes de Saint-Pétersbourg, auquel j'ai regretté de ne pouvoir assister, une intéressante lecture sur la langue primitive des Aryas et les langues qui en sont dérivées.

(3) à Scripture truth in oriental dress. » » 8. — 116 —

au christianisme du Dr. G. C. Roy a eu lieu solennellement - à •l'église chrétienne, sous la présidence du Rév. W. Wilkinson, qui lui a donné le baptême, pour lequel deux ingénieurs ont éte ses parrains (1). Celle d'un kschatrya, à Peschavvar, a été très-remarquée (2) ; enfin il est beau de voir un brahmane se convertir au christianisme, mais surtout un hrahmane comme Subrah ltlangam, dont la généalogie remonte à trois mille ans, rejeter loin de lui son cordon distinctif et refuser toute distinction honorifique depuis son accession au christianisme (3). C

Ces conversions me rappellent celle du babu Gamendra Mohan Tagore, de Calcutta, qui produisit d'autant plus de sensation qu'il fut déshérité par son père, Hindou distingué, auteur de plusieurs ouvrages, dont j'annonçai le décès • dans mon discours d'ouverture de 1868 (4). J'ai eu le plaisir de voir à Paris, amené par le Rév. James Long le printemps passé, cet éditiant converti, aussi bien que ses deux aimables filles et leur compagne miss S. Woodhams. Heureusement, il n'est pas resté sous le coup de son exhéréda-(• tion ; il a pu faire casser, quant à ce qui le concernait, le É testament de son père, et il lui reste ainsi une immense fortune. J'ai sous les yeux ses « Thoughts by à Christian brahman, on the position and prospects of religion in lndia «>, publiés à Londres en 1871. Cet opuscule est dédié aux chrétiens indigènes de l'Inde, et il exprime en même temps la foi vive de l'auteur et l'espérance que l'Inde devra à la religion chrétienne sa régénération. L'Église indigène indienne se compose, comme nos Églises d'Europe, de communiants et de non-communiants, c'est-à(cl) ¤ Indian Mail à du 20 novembre 1875.

' (*:2) 'Alîgarh A/rhbâr du 22 septembre 1876. (3) Georges Trevor, ce Times ¤ du 1c'janvier 1876. (Q) à La Langue et la littérature hindoustani es de 1850 à i.869 », p. 451 et'v52. — 117 — ç

dire des chrétiens qui s'approchent du sacrement de l'Eucharistie et de ceux qui négligent de le faire. Les missionnaires sont très-sévères pour admettre à la communion les natifs baptisés ; aussi se félicitent-ils de l'accroissement visible des communiants qu'on remarque dans l'Église indigène. On y trouve même des chrétiens très-édifiants, tant parmi les hommes que parmi les femmes, qui rappellent ceux de la primitive Église. A l'exemple aussi des chrétiens de ce (temps, on a vu de jeunes convertis détruire les idoles que » vénéraient leurs ancêtres et leurs pères (1). n Cette année encore, le Rév. R. Clark a bien voulu m'adres—, ser son dix-septième Rapport pour 1875 (2) de la mission anglicane d'Amritsir, par lequel nous apprenons qu'après vingt-quatre ans d'expérience il se trouve heureux d'avoir été choisi pour les honorables fonctions de missionnaire, et d'avoir pu établir une Église indigène chrétienne dans un pays païen, à Amritsir, le centre même de la religion des Sikhs, et dans plusieurs stations aux environs de cette ville. Le • christianisme ybalmême acquis une sorte de pouvoir indigène, et il l'a désormais dans toute 1'Inde. On compte dans ces parages quatre ecclésiastiques natifs, y compris l'ex musulman Imad uddin, qui a donné dernièrement à Agra, en plein air, des conférences en hindoustani-urdu. Le rapport d'Imad uddin, écrit comme toujours en urdu, confirme les assertions du Rév. R. Clark. On y voit malheureusement la confirmation de ce que j'ai dit bien des fois, qu'il est fortidifficile de convertir les musulmans, et que s'ils se font chrétiens dans un mouvement d'heureux entraînement, ils retournent souvent à leurs premières erreurs. Ils reviennent cependant quelquefois de nouveau au christia— Y (1) ¤• Report for 1875 ofthe Society for the propagation of the'Gospel », p. 26.

(2) The seventieth Report of the Umritsir mission of the Church missionary Society ¤. Lahore, 1875, in-8° de 57 et xvu pages. l — HS — '

~ nisme, comme l'a fait Abd ullah, l'ancien éditeur du journal A hindoustani de Lahore le Koh-i mir. I)'autres persistent È honorablement dans leur conversion et résistent à toutes les ' influences. Il y en a enfin qui deviennent eux-mêmes prêtres, comme ceux qu'ordonna l'évêque de Calcutta, feu Mgr Milman, il sa visite à Amritsir en novembre 1875 ; mais ceux-là sont rares. Il y en a davantage qui, convertis intérieurement, n'osent faire profession ouverte du christianisme, comme en Europe bien des prétendus libres penseurs sont au fond très-croyants. C'est ainsi qu'un vieux maulawi Husn Schah, professeur d'arabe à l'Université de Labore, mourut avec 'son « Common Prayer à en urdu sous son traversin, en exhortant son fils d'avoir plus de courage que lui et de confesser ouvertement sa foi en Jésus-Christ. Quant à Imad uddin, il continue de s'occuper, soit comme prédicateur, soit comme auteur, à répandre « la Bonne Nouvelle ». Ce fut lui s qui fut chargé par l'évêque de Calcutta, à sa visite à Amritsir, de prêcher devant lui en urdu le sermon de l'ordination, le 28 novembre 1875. En dernier lieu il s'est occupé, avec le Rév. R. Clark, de la publication d'un commentaire de l'Évangile de saint Matthieu et des Actes des Apôtres. Certains Silrhs considèrent la doctrine chrétienne comme le vrai gniân (savoir), sorte de charme magique qu'ils demandent aux missionnaires de leur apprendre ; mais la généralité du peuple considère les missionnaires comme des barbares et se cache à leur approche ; cependant, au moyen des livres en langue usuelle, ils peuvent préparer la voie à des explications verbales, et par suite à des conversions. Le récit de quelques conversions d'Hindous est tout il fait intéressant ; ce sont souvent des ennemis déclarés du christianisme qui, comme saint Paul, ont été tout à coup touchés par la grâce ; d'autres fois, c'est, comme dans le cas d'Imad uddin, après toutes sortes de tentatives infructueuses pour se retremper dans la foi de leurs pères. Souvent on est touché par la religieuse résistance des nouveaux convertis aux i • - 119arguments

et même aux larmes d'un père, d'une mère, de p frères et de sœurs. ' »

Il y a dans ces parages des écoles tenues par les missionnaires, ou les enfants apprennenules dix commandements, le • ' catéchisme en vers rimés, pour qu'ils le retiennent plus faci- 1 lement, et à chanter des cantiques et des hymnes en hindoustani sur des airs indiens. On leur apprend aussi, cela va. sans dire, la lecture, l'écriture, Parithmétique et la géographic de l'Inde. Enfin il y a des pensions ou plutôt des orphe- V ' linats pour les enfants des deux sexes, ou sont généralement reçus de pauvres enfants abandonnés par leurs parents aux soins des missionnaires après les ravages du choléra. Bref, l'œuvre des missions à. Amritsir a un résultat réel et vraiment important. Des dames chrétiennes zélées s'introduisent dans les écoles indigènes des jeunes filles, leur lisent le fr Nouveau Testament et leur font entendre des hymnes chré* ' tiennes ; elles agissent de même dans les zanânas, et elles ' inculquent ainsi tout doucement les vérités chrétiennes aux i ' Hindous, aux Sikhs et aux musulmans. A Bombay, il y a le ' p altledieal Missionary Society », qui fait également beaucoup C de bien (1). W

J'ai reçu du même Rév. R. Clark le huitième rapport du — y Penjab religions book Society sa dont il est secrétaire, rapport qui s'étend du l" novembre 1874 au 31 octobre 1875. Parmi les fonctionnaires de l'œuvre, je distingue plusieurs convertis hindous, tels que le Rév. K. C. Chatter Ji, Daoud Singh, Chandu Lala, le babu Radha Raha ; mais un seul musulman, Imad uddin, dontje vîens de parler. Je ne m'occuperai pas de la partie financière du rapport, mais seulement de la partie littéraire qui se rapporte à l'hindoustani » tant urdu qu'hindi. Je vois ainsi qu'on a vendu ou distribué six mille neuf cent soixante et onze volumes urdus et deux

(1) « Indian Mail n du 15 septembre 1876. cent soixante-cinq hindis, huit mille cinq cent quatre-vingt-Y six traités en urdu et six cent soixante-dix en hindi. Le rédacteur du rapport fait savoir à cette occasion que l'hindi est fort peu usité dans le Penjab, et qu'il est probable que désormais la Société ne publiera plus rien dans cet idiome.

Parmi les livres et les traités nouvellement publiés, je me bornerai à signaler ceux qui me paraissent les plus importants, savoir, en urdu : le Commentaire de l'Évangile de saint Matthieu, dont je viens de parler, qui forme un volume in- !r° de 540 pages ; le Jllïtcîh uttaùra/z « la Clef du ' Pentateuque », de 158 pages, avec des illustrations pour l'intelligence du texte.

Jtlacîlz ibn ullah in le Christ fils de Dieu », traduction en 147 pages de l'ouv1•âge du Rév. J. Vaughan, intitulé « What think ye of Christ » (1).

L En fait de traités, je dois mentionner le Chandylzwcînon ké guissa « l'Histoire de quelques jeunes gens », de 23 pages, et le Jzît/ze eur sache tœ'b2Tr-goymz ka ? guissa « Histoire des r faux et des vrais interprètes des songes », 25 pages avec illustrations. •

Il me paraît inutile de parler des autres brochures ; mais ce rapport signale plusieurs ouvrages urdus manuscrits, préparés pour l'impression, parmi lesquels je distingue un Guit-mrila « Collection d'hymnes ii, par le Rév. Dr. Ulman, dont ce tour de force annonce la capacité et la patience nécessaires pour réussir a écrire en vers irréprochables des hymnes dans une langue dont la construction est si différente de celle de l'anglais, d'ou elles sont tirées ; aussi l'a11teur a-t-il obtenu pour cette collection un prix de cinq cents roupies du Comité chargé de distribuer les récompenses aux meilleurs ouvrages écrits en urdu.

(1) On doit au même M. Vaughan un intéressant volume sur l'histoire religieuse de l'Inde, intitulé : ¢ The trident, the crescent and the cross. r Par triclent, il laut entendre ¢ Vhindouisme ii. ' — 121 —

Le Macîhî alcâb «r les Titres chrétiens », sermons sur les, épithètes données dans la Bible aux chrétiens, par un autre clergyman à qui le comité des ouvrages urdus a décerné le Second prix de deux cents roupies. •

Parmi les ouvrages préparés pour la presse, je distingue avec plaisir l'inimitable livre de l'« Imitation de Jésus- t • Christ », attribué à Thomas à Kempis, qui, je crois, n'avait pas encore été traduit en hindoustani, et les « Confessions du grand saint Augustin ».-La

Société d'éducation chrétienne pour l'[nde a tenu sa p séance annuelle le 7 mai passé à Londres, sous la présidence de Lord Shaftesbury. Nous apprenons par le rapport qui y a été lu, que la Société dresse des maîtres indigènes pour instruire les enfants indiens, et surtout leur enseigner la religion ; qu'elle publie des ouvrages pour leur éducation et aussi des ouvrages de littérature morale en hindoustani et dans les autres principales langues de l'Inde. Le nombre des, maîtres indigènes ainsi préparés est de cent vingt-huit et ' celui de leurs élèves de huit mille deux cent huit. L'an passé la Société a publié cent seize différents ouvrages et en a• distribué cinq cent quarante mille quatre cents exem-, plaires (1).

Il est toujours question de créer de nouveaux évêchés anglicans dans l'Inde, les trois évêchés actuels étant très-e, réellement insuffisans. Dans une réunion de la Société pour la propagation de l'Évangile, tenue à. Londres le 21 janvier A ' 1876, on a pris en considération la lettre de l'archevêque de Cantorbéry au sujet de la nomination proposée des Drs.

Sargeant et Caldwell comme coadjuteurs de l'évêque de Madras. A ce sujet, le Rév. XV. D ; Maclagan a parlé avec beaucoup de raison de la nécessité de déscuropézmiser l'Église indienne, en sorte qu'elle devienne, en réalité, une Église (1) « Times ¤ du9 mai 1876. ' — 122 — '

réellement indienne, bien qu'en communion avec l'Angleterre, comme autrefois les Églises gallicane, anglicane, grecque et autres, bien qu'ayant des usages divers et des liturgies particulières, n'étaient pas moins en communion avec Rome, it la mère et la maîtresse (institutrice) de toutes les Églises ». ' Dans une autre réunion tenue en juin dernier au « Lamboth Palace », sous la présidence de l'archevêque de Cantorbéry, il a été exprimé le désir qu'en attendant un accroissement des évêchés dans l'Inde, on établit un évêché de mission, sorte de vicariat apostolique, à Lahorc, et un autre à Rangoun. Il paraît qu'on doit nommer a l'évêchc de Lahorc le Rév. Francis Baring, fils de l'évêque de Durham, qui a été missionnaire en Penjab. Pour l'établisse meut de ce nouvel évêché, le marquis de Salisbury seul a donné mille livres sterling, c'est-à-dire'vingt-cinq mille francs, au fonds nommé un Milman Memorial Fund ==, en l'honneur de l'évêque Milman.

cc Le 14 de la lune claire de haîçakh 1933 du samivat, c'est-ii-dire le 7 du mois de mai 1876, devait se tenir à ' Chandpur une foire (méla) ou des personnes appartenant à toutes les religions de l'Inde exposeraient les principes de leurs religions respectives, afin que chacun, les connaissant bien, pût quitter la voie erronée où il se trouve et entrer 'dans le droit chemin, et qu'en connaissant tous les avantages qui en résulteront, il enlève de son cœur la ronille de l'insouciance. Beaucoup d'ho1 ; nmes et de femmes se réuniront là de tous côtés, et il y aura aussi vente et achat ; c'est pour cela qu'on l'annonce d'avance, car il sera bon d'assister à ce mele, où les uns trouveront leur avantage spirituel et les autres leur proiit temporel. On a l'intention de tenir chaque année cette réunion à la même époque (1).wi Si on réalise cette idée, le christianisme ne pourra qu'y gagner. (1) Pmzîzîbi du 8 avril 1876, ,

U ' — 123 — (

Noël, .jour commémoratif de la naissance de Notre-Seb gneur Jésus-Christ, est célébré dans l'Inde non-seulement 'par les chrétiens, mais même par les musulmans, qui reconnaissent en lui « 1'Esprit de Dieu (Rûlz ulZal1,) », et aussi par les ' Hindous, mais comme fête civile. A cette occasion, on offre ani ; autorités des vers de félicitation. Parmi celles de ces pièces de poésie que l'Awadk Alrhbzîr a publiées, je vais • donner le cacida qui est adressé à Mr. Neslield, directeur de l'instruction publique en, Aoude (1) : Comment le vent printanier qui s'approche ne ferait-il pas entendre aujourd'hui la bonne nouvelle, pourquoi ne se répandrait-elle pas de tous côtés ?, C'est l'heureux jour de la naissance de Notre-Seigneur Jésus, jour bien digne d'être exalté et honoré. Pour vous, Mr. Nestield, autre Jamsched qui êtes sans égal et sans pareil dans le monde, que ce Christmâs day. soit une source de joie, de félicité, de plaisir et de bonheur ! si

Vous, qui êtes généreux, en sorte que la bonté est votre vêtement ; vous, qui etes compatissant et dont le cœur est un océan de clémence !

K p '< !•l]ol1S, qui etes bienveillant, qui possédez a un haut ' degré la politesse, et dont la bénignité s'étend a tous ! ' «~ Personne ne peut égaler votre justice ët votre équité, ' 'et celui à. qui vous avez donné un poste n'a rien à craindre Y de personne. »

Vous, qui êtes aussi fortuné qu'Alexandre, vous méritez ' d'être le commensal d'Aristote et de Platon. Comment les livres de science et d'art n'auraient-ils pas une grande circulation, puisque par vos soins lumineux se manifeste l'état de la science !

ce Tous ces ouvrages.proviennent du département de l'In- 5 (1) N° du 27 décembre 1876. i — 124 — '

striction publique, que vous dirigez, et les sept climats en retirent de l'avantage. 't

4 ; Il est même impossible à. celui qui possède les plus parfaites dispositions, de décrire la dixième partie du dixième Q de vos belles qualités. •

Aussi terminerai-je ici mon discours par ce vœu : Que pour toujours, Dieu, qui est la libéralité même, vous accorde le bonheur ! »

Je trouve dans le Pimjâbi (1), sur la religion ou plutôt sur les différentes religions qui existent dans l'Inde, un article que je suppose écrit par un wahabi, et dont je crois devoir donner ici la traduction :

ig La religion est une grande chose dans le monde..Si on est sans religion, on ne peut jouir de la considération ; sans elle, le serment n'est pas valable. Quand les religions sont bonnes, elles produisent la tranquillité et sont une source d'avantages. Au lieu de nous étendre là-dessus, nous développerons en abrégé ce qui les concerne en particulier, car, quoique dans chaque religion il y ait des hommes d'esprit. et qu'on y trouve de bonnes et de mauvaises gens, il y a néanmoins le plus ou le moins. Chaque religion a éprouvé 7 quelque changement après son fondateur ; et si officiellement il n'y a pas eu de changement dans les règles et les lois, il s'est'glissé dans la pratique. C'est pourquoi l'essence de l'origine de chaque religion n'est pas manifeste, t parce que ceux qui y appartiennent ne comprennent pas, 'ou très-peu, l'intention du fondateur, et qu'à la fin la coutume a asservi la religion. g

Nous allons donc, sans égard pour les membres des différentes religions, écrire en abrégé ce qu'il y a de bien et de mal dans chacune :. '

1° Et d'abord la religion des Hindous. Cette religion (I) N° du 10 juin 1876. — 125 —

est ancienne, il ne serait pas surprenant qu'elle fût révélée. ' Toutefois, les usages et les pratiques du peuple l'ont main- tenant avilie. Anciennement, le sehzîsmr (livre) de Manou en était la règle, et c'ètait très-avantageux pour l'époque. Cette religion enseigne la bonté, la générosité, la patience, les bonnes mœurs. La bienveillance y est plus grande que dans les autres religions. Toutefois, les satis, le grand respect ordonné envers les brahmanes, l'interdiction du mariage des>v, euves, y sont de grandes injustices. Quant au culte des idoles, c'est une innovation : il n'y existait pas dans l'origine, parce qu'on ne trouve pas qu'il en soit question dans les Védas.

» De la religion primitive des Hindous est issue une religion (le bouddhisme) qui s'est répandue en Chine et dans le royaume de Birman. Dans cette religion, la conservation des êtres vivants est plus recommandée que dans toute autre. •

A cause de l'influence du climat, et parce que la religion des Hindous ne s'est pas répandue chez d'autres peu- ' ples, les gens de l'Hindoustan sont célèbres par leur douceur et la bonté de leur cœur. Les Hindous pensent que, d'après leur religion, il ne leur est pas permis de sortir de leur pays. Être seulement né dans l'Hindoustan leur est une. cause suffisante pour n'en pas sortir. Bref, la base de la religion des Hindous réside dans les Védas : tout lereste est ajouté. r

'ce 2° La religion des Jaw. Cette religion ne domine nulle. part. Toutefois, elle est révélée et ancienne ; mais les Juifs sont fanatiques, singuliers, sans esprit d'indépendance, et traditionnaires.

3° La religion chrétienne. Cette religion a changé aussi I 'enzquelque façon comme la religion hindoue. Maintenant, elle se divise en deux principales branches : l'ancienne, c'està-dire la catholique romaine, qui adore les saints, et la nouvelle, qui est la protestante de Luther et qui ne forme que le ' ••• 126 +

septième de l'ancienne.' Dans cette branche aussi, on adore la croix et on croit à trois dieux. Une troisième branche est celle des unitaires, qui a à Calcutta une église : Les unitaires • reconnaissent seulement Jésus (sur qui soit la paix !) comme — le sceau des prophètes, mais ils ne le reconnaissent pas comme le Fils de Dieu ni véritablement Dieu. Cette secte ressemble beaucoup à l'islamisme ; c'est au point que les chrétiens fanatiques disent que les unitaires sont à moitié musulmans. Généralement, les chrétiens admettent la Trinité et l'expiation, mais ils ont entièrement cessé de suivreiiles anciens principes. Le pivot de leur loi, c'est la 1•aison et l'usage. Ils ont laissé les choses allégoriques et ils ne considèrent que la réalité. Bref, leur enseignement et leurs actes sont bons, surtout dans la nouvelle branche ; toutefois, maintenant l'irréligion y fait des progrès de jour en jour. v e « !t° L'isZ¢zmisme. On y distingue les sumzîs (traditionnaires) et les Ã'chi'as (dissidents), entre lesquels ily à une grande différence. Quoique dans l'origine cette différence ne fût pas aussi prononcée, cependant le fanatisme l'a accrue peu à peu. L'islamîsme étendit sa lumière au loin et réveilla ceux qui étaient endormis ; mais, hélas ! à cause de l'instruction défectueuse et de la négligence, les ténèbres se sont à la En manifestées sous la lampe. Dans cette religion, on n'admet qu'un Dieu. Ceci est un grand et capital dogme, particulier à l'islamisme, dogme qui est développé avec insistance en bien des endroits du Coran. Toutefois les musulmans s'occupent peu de leur livre révélé, ils ne le lisent que par dévotion. Ils sont entrés dans des centaines de discussions sur les hadîs (1), le jgh (2), etc., d'où aussi des légendes ont pris naissance et à la fin la faiblesse s'est manifestée. ' » Les sunnis forment la branche la plus nombreuse. Il y a (1) Les paroles de Mahomet. »

(2) La loi musulmane. — 127 —•

chez eux comme chez les chrétiens deux partis, un ancien, mais en réalité novateur et hérétique, et l'autre (le wahzîbî) sans innovation, c'est-a-dire celui des musulmans, qui après u Dieu n'admettent les anciens prophètes que dans une certaine limite, bien qu'ils les reconnaissent comme très-respectables. Cette secte est peu nombreuse, comme celle des unitaires. Leur croyance à. l'unité divine est vraie et réelle' ; tou-. tefois ils tiennent a l'extérieur de la religion, et, comme les Juifs, ils paraissent attachés aux préceptes du jeûne et de la qq prière. En considérant la réalité des choses, cette secte doit faire très-promptement des progrès. Si dans la secte des schi'as les sots n'avaient pas le dessus, ils progresseraient comme les sunnis, mais cette secte semble devoir rester dans q. l'état de décadence et d'avilissement où elle se trouve sans s'en douter. •

5° La secte des sqjis. En réalité, cette secte existe dans 1 chaque. religion, soit hindoue, soit musulmane, soit chré' tienne, et son but est l'enseignement spirituel, en sorte que • chez les Hindous, les joguis, les stîdhus, etc., sont de véritables faquirs. Quoiqu'il n'y ait dans le Coran aucun enseignement de ces choses, toutefois le brillant allégorique du'q Édçdüîêf (soiisme) est agréable aux gens qui ont le goût des choses spirituelles, et ils sont enlacés dans les agissements e des chefs et des disciples de cette doctrine (1). w Quoique maintenant tout le monde reconnaisse la sottise V et Pentêtement des musulmans, cependant l'islamisme dans e l'origine, tel qu'il est exposé dans le Coran, n'o£Fre pas ces défauts, car après chaque prophète il y a eu des dissidences et de la décadence dans la religion. C'est ainsi qu'après, Notre-Seigneur Jésus (sur qui soit la paix i) il y eut dissen (1) Un tapaswî (faquir hindou), nommé Kacidas Bnxva, vient de donner q un exemple de la tolérance de ces philosophes religieux, car il a fait le ' voyage d'Angleterre pour visiter le maharaja Dhulip Singh, bien que ce prince se soit fait chrétien. > 128 —

sion et qu'il se forma beaucoup de ramifications dans la religion chrétienne. De la même manière, parmi les musulmans, après le Prophète, l'l1eureuse entente ne dura pas ; particulièrement depuis le troisième khalifat, des querelles et des disputes commencèrent a s'élever, et il y eut même q des combats entre musulmans. L'inhumanité et la sauvagerie se manifestèrent ; enfin la force du sabre fut considérée comme une grande chose. Dès le treizième siècle (de Père chrétienne) l'islamisme s'aft'aiblit dans la plupart des pays. e Toutefois comme toute la doctrine islamique est consignée en détail et graduellement dans le Coran, tant les principes fondamentaux que ceux qui en dérivent, et que ce livre divin comprend la loi et les préceptes, la base de l'islamisme 'est solide. Il peut y avoir des milliers de côtés faibles dans l'islamisme ;•toutefois, à cause de l'existence permanente du Coran, l'accord et la paix dev1•aient avoir nécessairement lieu parmi les musulmans. La langue arabe (dans laquelle est écrit le Coran) est peu usitée (dans l'Inde), mais elle l'est f chez les Arabes, et à cause de cela il n'y a pas de divergence entre les musulmans d'Arabie. En Perse et dans l'Hindoustan, les mollas (1) ont établi des différences, et ils ont propagé. leur distinction particulière de maîtres et de disciples dans le but d'acquérir de l'honneur et de la considération. ii Quand les rois de l'islamisme ont commencé à être dépourvus de science et que l'épée de 1ignorance a eu généralement le dessus, les mollas ont acquis de la hardiesse, et de simples faguîh (2) ont mis en avant avec mauvaise intention des fraudes littéraires. Maintenant que quelques chefs (rai. ?) musulmans sont autant considérés que l'étaient les sultans, et que le Coran accompagné d'une traduction hindoustani mot pour mot est imprimé, nous espérons que l'essence véritable de l'islamisme'sera manifeste, et qu'une loi tenant un juste (1) Corruption de mauld ¤ docteur, savant «, etc. (2) « Théologien n. — 129 A

milieu entre le spirituel et le temporel aura cours. On suivra (les préceptes extérieurs'intelligibles à tous les musulmans, et les articles de la loi seront gravés dans le cœur. Comme les musulmans et les chrétiens ont toujours besoin les uns des fr autres, pourquoi ne se prêteraient-ils pas mutuellement secours pour le bien et pour la justice ? Sans cela il ne peut yî È • avoir des deux côtés que des actes fâcheux. » (UIII. Dès, novembre 1875 était mort à Lakhnau d'une maladie de poitrine, mais subitement néanmoins, Mir Nawal) Munis (1), petit•~fils de Mir Haçan et frère de Mir Anis dont j'ai annoncé le décès dans ma dernière « Revue » (2). Il suivait avec distinction les traces poétiques de sa famille, et (comme ce fut le cas pour son frère, tout Lakhnau prit part à sa perte.

En décembre 1875 (3) est décédé à Bombay un savant. très-distingué et fort respectable, John Wilson, qui m'avait honoré de sa visite, il y a quelques années, quand après un court séjour en Angleterre il traversa Paris pour retourner ' dans l'Inde, où il a résidé prés d'un demi-siècle. Il naquit, en 1804, et fut d'abo1•d élève de lÉUniversité d'Édinburgh ; • il devint ensuite ministre du ScotchÃChurch, et fut envoyé e en 1828par la Société des missionnaires d'Écosse ai Bombay ou il fonda avec quelques-uns de ses amis la Mission de l'Église libre d'Écosse. Dès lors, voulant s'occuper spécialement de la conversion des parsis, il se familiarisa avec l'hindoustani, communément parlé à Bombay, et en 1832 il youvrit la i première école indienne indépendante du gouvernement ; mais il apprit surtout le guzarati, langue usuelle W des parsis, le zend et le pehlvi, leurs langues savantes. Il étudia aussi la mythologie et les antiquités de l'Inde, et il p (i) Awadfz A/shbdr du 17 novembre 1875.

P. 98 et suiv ; V '

(3) s I—Illen's Indian Mail vs, ntt du 18 et du 28 décembre 1875 ; g. — 130 —

enrichit souvent de ses recherches le journal de la « Branche de Bombay de la Société Royale Asiatîque », à la fondation de laquelle il avait beaucoup coopéré et dont il fut d'abord président, puis président honoraire. Il fut aussi vice-chancelier de l'Université de Bombay, ou le « Wilson Philological Lectureships, qui a été fondé en son honneur, en conservera la mémoire. Aucun missionnaire n'eut jamais dans la Présidence de Bombay un rang plus élevé dans l'estime publique. 011 lui doit nombre de savants ouvrages sur les matières orientales ; j'en citerai entre autres : « Tl1e Parsi Religion as container in the Zend-Avesta (1) s, dont je tiens de lui un exemplaire ; l' « History of the suppression of infanticide ; ses « Sermons to the Parsis » ; son « Lands of the Bible s. Il a laissé su1• les castes de l'Inde, qui avaient été de sa part l'objet d'études approfondies, d'importants manuscrits qui, on l'espère, seront publiés par son fils, auteur estimé lui-même et connu dans le monde littéraire par The abode of snow >>..

Le convoi funèbre du Dr. Wilson fut suivi par tous les Anglais et les indigènes riches et pauvres, Hindous, parsis, musulmans et juifs résidant à Bombay, et le Prince de Galles, alors dans l'Inde, s'y fit représenter par Sir Bartle Frere. Le service religieux eut lieu a l'Église lib1•e. Ce fut le Rév. Mr. Stothert qui officia et récita la prière finale. Ma « Revue » de l'an passé, dans laquelle je mentionnais l'édifiant mandement du Trés-Révérend évêque de Bombay, Mgr Henry Alexandre Douglas (2), était à peine imprimée que j'apprenais la mort de cet estimable p1•élat à l'âge de cinquante-quatre ans seulement, car il était né en 1821, et il est décédé le 13 décembre 1875 à Lo11dres, .où il était venu rétabli1• sa santé altérée. •

(1) In-8° ; Bombay, 1845. •

(2) à La Langue et la littérature hindoustani es en 1875 n, p. 9% et SU1V — 131 ~—

Sacré évêque de Bombay en 1869, il était'le troisième évêque de cette ville. Le premier futile D1•. T. Carr, nommé en 1837, et le second, le Dr..I.'Harding, ~-nommé•—en 185-1. Le défunt, neveu du marquis de Queensberry, avait —été d'abord élève de l'Unive1•sité de Glasgow, puis du «Balliol College » d'0>gford. Il était lié d'amitié avec le respectable, évêque de Brechiu, lMgr. H. G. Forbes, qui ne le précéda que de quelques semaines dans la tombe. Comme lui, il rap- • pelait par sa conduite exemplaire et par son dévouement a la religion les mœurs des premiers chrétiens (1) ; Ce regrettable évêque a eu pour successeur le ;Rév. Louis George. wlllylne, du ce Keble College » d'Oxford, qui a été sacré dans la cathédrale de Saint-Paul le 1er mai 1876, par l'archevêque ' de Cantorbéry, assisté de plusieurs évêques (2), et installé I dans celle de Bombay, le 6 juillet suivant-J'ai maintenant à annoncer le décès enco1•e en décemb1•e•187'5 (4) du pandit Radha Kischen ou Rao Krischn, qui avait été directeur de l'éducation du maharaja Dhulip Singh et qui, bien que savant sansc1•itiste, est compté parmi les V auteurs hindoustanis les plus féconds. Dans ses poésies urdues il a pris. le takhallus ou surnom poétique de-Schu/rr (5), et c'est sous ce nom q11'll est indiqué dans les Tazkims. — Un autre poëte urdu très-distingué, le munschi Zahir 'uddin Khan Nazir, mentionné dans mon « Histoire de'la • littérature hindouie et hindoustani (6) » et dans ma « Re (1) à The Mission Field si, n° de janvier 1876..(E2) ai The Mission Field », n° de juin 1876.

(3) la Indian Mail n du 1°*'août 1876.

(â) « Allen's Indian Mail n, n° du 18 décembre 1875. (5) Ce mot, qui est un nom d'action arabe signifiant ¤ action de grâce 1, semblant ainsi indiquer un écrivain musulman, j'ai, mal à propos, divisé en deux articles ce que j'avais à. dire dans mon ¢ Hist. de la littér. bind. ¤ sur cet écrivain, que j'ai mentionné soùsle nom de Rao Krischn, t. Il, p. 566, et sous celui de Schukr, t. III, p. MO et suiv. (6) T. III, p. 323. - '9. — 132 —

vue de 1874 (1) », est décédé aussi en décembre 1875 ; l'Awad/z A/rhbcîr (2) déplore sa perte et annonce qu'il donnera la liste de ses ouvrages.

Edward Thornton, mort le 24 décembre 1875, à l'âge de soixante-dix-sept ans, a été pendant longtemps secrétaire adjoint à 1* « East India Board » et pendant plusieurs années éditeur de l'« Allen's Indian Mail ». Il était très-connu dans la littérature qui concerne l'Inde, par son « History of'tlîe Oriental Empire in India » et par son « Gazetteer » du Sindh et de l'Inde, qui sont très-estimés et qui lui ont acquis une réputation méritée.,

Vers la même époque est décédé à l'âge de quatre-vingts ans un orientaliste anglais très-distingué, Francis Johnson, que j'avais connu particulièrement et aqui on doit un excellent Dictionnaire persan, le plus étendu de tous ceux qui existent, et qui peut servir non-seulement pour le persan, mais pour l'arabe, et en bien des cas pour Phindoustani. Il m'avait donné un exemplaire de cet ouvrage, très-recherché et devenu fort rare.

Dès l'âge de vingt-quatre ans il était professeur de sanscrit, de télugu et de bengali à l' « East India Company's College » d'Haileybury, où je le vis d'abord dans un de mes voyages en Angleterre, et il avait conservé ses fonctionszpendant trente et un ans, o'est-à-dire jusqu'en 1855, où il s'en démit et eut pour successeur M. Monier Williams, maintenant professeur de sanscrit à Oxford.

Il avait une mémoire prodigieuse, et une grande aptitude pour les langues, et chose assez rare chez les savants de notre temps, il était fort religieux. Ses deux éditions de Püitopadega, texte, traduction et vocabulaire, ses morceaux choisis du zllahdbhdmta, ses éditions du Mégha-data et du Gulistdn, sont précieuses pour les personnes qui (1) P. 7+6.

' (2) Ne du 8 décembre 1875. — 133j- p

s'adonnent à l'étude du sanscrit et du persan, soit pour ces langues elles-mêmes, soit comme préparation à l'étude de l'hindoustani, • pour laquelle elles sont si nécessaires. * r Le 4-janvier de cette année 1876, est décédé à Paris Mr. Jules Mob], qui ne s'était jamais occupé l'hindoustani ; J aussi ne le cité-je ici qu'en sa qualité d'abord de secrétaire, puis de président de la Société Asiatique, à laquelle il s'était identifié • en même temps qu'il lui avait rendu les plus grands services. Ses rapports annuels sur les études.orientales, faits chaque année pendant qu'il était secrétaire de la ' Société, étaient très-remarquables, et ses jugements sur les principaux ouvrages orientaux qui se publiaient dans le monde entier étaient généralement justes et impartiaux et ~ avaient une véritable valeur. Je m'associe à, ce sujet et sur -les autres travaux de Mr. Mobl à ce qu'en a dit notre savant A ' t secrétaire actuel Mr ; Ernest Renan, si connu du monde entier. Le 7 mars a été signalé par une mort tout à fait inattendue et on ne peut plus regrettable, je veux parler de cellerlu savant et respectable évêque de Calcutta, le Dr. Milman, q dont j'ai si souvent parlé dans mes « Revues », en rendant 4 toujours justice à sa piété, à son érudition et à sa grande facilité à, prîêcher et à faire des conférences en hjndoustani'C et en bengali aux Hindous plus ou moins sceptiques au sujet t de leur religion. L'éminent prélat m'honorait de son amitié, et il m'avait envoyé par l'entremise de son honorable frère, -7 •le colonel Milman, une belle boîte à bétel qu'il avait achetée A en Cachemyre et qui fait l'admiration. de mes visiteurs. Le défunt était fils de Sir William Milman, général du génie et neveu-du doyen Milman. Ce fut en 1867 qu'il fut nommé évêque de Calcutta, dont il était le septième premier pasteur. Le premier fut le Dr. T. F. Middleton, nommé en 1814, alors que ce diocèse comprenait tous les territoires britanniques dans, les Indes orientales, tandis que maintenant l'évêque de Calcutta, dont l'autorité est un peu plus res- W treinte, est devenu évêque métropolitain et a comme suffra- — 134 — (

gants les évêques de Madras, de Bombay et de Colombo. Au Dr. Middleton succéda le célèbre R. Heber, puis les Drs. James, Turner, Wilson et E. L. Cotton, si malheureusement noyé dans le Gange (1). Sous l'épiscopat du Dr. Milman, ainsi qu'on a pu l'apprendre par mes « Discoul•s » et « Revues >>, la religion chrétienne a fait de grands progrès parmi les indigènes, et c'est à ses efforts, réunis ' à ceux de feu le Dr. Douglas, évêque de Bombay, dont je viens de parler, qu'on devra surtout l'érection de deux nouveaux évêchés dans l'Inde.

Le Dr. Milman ne connaissait que son devoir ; on a su A après sa mort qu'il distribuait en bonnes œuvres tous ses honoraires, ne se réservant que les allocations pour ses — Voyages. Il suffisait pour la tâche que lui imposait ce vaste diocèse, qui aurait exio dix évêques aussi zélés que lui, et on peut di1•e avec le « Friend of India (2) >>, qu'il est mort victime de son zèle, car dans son dernier voyage de Calcutta en Penjab il avait été exposé aux changements du chaud au froid, de la sécheresse et de la pluie. Le Très-Rév. ' Dr. F. Gell (3) avait été provisoirement chargé du diocèse — de Calcutta, et c'est l'archidiacre Johnson, de Chester, très-estimé dans le clergé anglican, qui succède au regretté prélat, et qui a été sacré en cette qualité le 30 novembre dernier. e

Malgré sa position, Pèvèque Milman était également vénéré par les Hindous et par les musulmans, et tous déplorent sa mort prématurée. Il était non-seulement théologien, mais il avait prouvé par différents ouvrages son bon (1) Voy. mon a seizième discours d'ouverture 1 dans ai la Langue et la littérature hindoustauies de 1850 il 1869 ww, p. 3é7. (2) c Indian Mail » du S avril 1876.

Le Dr. Gell, nommé évêque de Madras en 1861, est le quatrième évêque de cette ville. Le premier, nommé en 1835, fut le Dr. Carrie, qui eut pour successeur le Dr. G. T.• Spencer, en 1837, et le Dr. T. Dealtry, en 18é9. — 135 —

goût littéraire et la variété de ses connaissances : sa ce Vie du Tasse » et sa rc Conquête de la Poméranie » en, offrent des exemples qui, bien que d'un genre très-•diH'érent de son grand ouvrage, ce The love of the atonementn, ne peu- • vent qu'en relever le mérite (1). •

Ce fut à Rarval-Pindi, en revenant de Peschawar, à l'ex-» » trême no1•d de son diocèse, à quinze cents milles de Calcutta, qu'il »fut saisi par la maladie qui l'emporta en peu de jours. Il •, avait l'intention, après avoir terminé sa visite pastorale au. Penjab, de venir passer quelque temps en Europe. On attendait en effet l'évêque de Calcutta en Angleterre dans l'été de 1876, et on assure que ce voyage avait pour but de demander la subdivision de son vaste diocèse.

Le 19 mars, est décédé le brave colonel du génie Charles Chesney, principal du « Royal Indian Engineering College », e dont j'avais eu l'occasion l'an passé de signaler la grande sympathie pour l'hindoustani (2). C'est après une très-courte maladie, occasionnée par un refroidissement pris dans l'exercice de ses devoirs, qu'es| ; mort cet excellent officier, à peine âgé de quarante-neuf ans. Je n'ai pas besoin de dire qu'il est vivement regretté non-seulement par ses amis, dont le nombre était grand, mais, on peut le dire, par toute l'Angleterre, qui perd en lui un homme habile et consciencieux et qui avait donné des preuves non équivoques de sa haute capacité et de son rare mérite. il était fils du célèbre général A Chesney, do11t l'exploration de la vallée de l'Euphrate a prouvé l'existence d'une route plus courte pour aller dans l'Inde que celle de la mer Rouge, et frère du colonel Georges Chesney, auteur entre autres d'un ouvrage remarquable sur la politique indienne (« Indian Politics »). Le défunt entra dans le corps du génie en 1845, et quelques mois après il fut nommé professeur d'histoire militaire à l'école d'état-major

'(•1) à The Guardian n du 22 mars 1876. ' (2) « Revue n de 1875, p.'11. '
— 136 —

de Sandhurst. Ce fut alors qu'il publia le « Récit critique des campagnes de Virginie et du Maryland pendant la guerre de la sécession », ouvrage qui lui valut la réputation d'un critique militaire du premier ordre. r

En 1868, il publiasses u Waterloo Lectures », où il fit bon marché de la légende napoléonienne en montrant les défauts de la stratégie bonapartiste. Depuis lors le colonel Chesney publia dans diverses revues des articles importants, un entre autres sur « la Guerre suisse du Sonderbund ». On a surtout remarqué celui qui parut dans l'Edinbm-g/z Review de 1871, — et séparément en un volume, sous le titre de « Essays on military Biography », qu'on a surtout admiré à cause des jugements impartiaux qu'il contient sur les principaux coryphées de la guerre de la sécession américaine.

- Maintenant j'ai à enregistrer la m01•t, arrivée aussi en mars dernier, d'un notable homme de lettres musulman • décédé à la fleur de l'âge, je veux parler du maulawi Saïyid Raunac Ali, que j'ai mentionné dans mon « Histoire de la littérature hindoustani » sous le nom (liÃ fS'2Z7Z (1), qui était son surnom poétique. Il avait commencé à se faire connaître par des pièces de poésie, puis il avait été collaborateur de l'Awadh Akhbâr, et enfin rédacteur en chef du Pzzetiyâlcz Akhbcîr (2). Il occupait un rang distingué dans la société littéraire de l'Inde, car il était doué d'une intelligence peu commune. Il était attaché à l'imprimerie de l'/lwad/2. Akhbzîr dès 1867. Au commencement, il corrigeait les épreuves du - journal, puis il y écrivit des articles et en devint éditeur, le directeur de l'imprimerie ayant reconnu son mérite. Depuis qu'il était entré dans le journalisme, il n'avait plus fait de (vers, mais il avait déjà acquis auparavant une réputation poétique par les gazals en urdu et en persan dont il était auteur. Il consultait pour ses vers urdus le schaïkh Fazl-i (1) T. Ier, p. 136. ~•

(2) Sur ce journal, voy. ma ¢ Revue n de 1872, p. 45. — IS7 — U

Ahmad, surnommé Kaïf (1), et pour les persans le khwâja A Aziz uddin Aziz, qui, bien que poëte hindoustani (2), aimait aussi à écrire en persan. Nauwal Kischor, à la foisrproprié- ' taire de l'imprimerie de Lakhnau et de l'Awadh Alchbrîr, ayant voulu établir une imprimerie à Pattyala, y envoya en 1870 pour la diriger Raunac Ali, dont les grandes qualités attirèrent l'attention due grand vizir du maharaja de Pattyala, le khalifa Muhammad Haçan Khan ; aussi, lorsî qu'en 1871 le souverain de cet État sentit le besoin d'avoir r'un journal', il en chargea Raunac Ali, qui devint ainsi rédacteur en chef du Pattyaîla Akhbâr ai les Nouvelles de Pattyala », et bien des articles qu'il y donna furent loués par l'AÃ¢hb¢îr-iüîlam de Mirath, l' «Afigurh Institute Gazette » et d'autres journaux estimés. Lorsque le raja de

Pattyala alla a A Calcutta recevoir de la main du Prince de Galleslatdécoration de l'Étoile cleil'Inde (Star of India), il s'y fit accompa• il gner par Raunac Ali, qui eut ainsi l'occasion de voir le futur A empereur de l'Inde, et ce fut là qu'il éprouva les premières ' atteintes de la maladie qui devait l'enlever à Pattyala, où il voulut retourner après avoir revu son pays natal, situé dans. les environs de Lakhnau, qu'il habita longtemps. Ce fut même A en cette ville qu'il se forma à écrire avec goût et puretésll AA avait su se faire aimer de tout le monde, tant il était bienveillant et affectueux de son naturel. Il n'avaît que trente-huit a111orsqu'il.mourut après deux mois de maladie, .le27 mars • 1876. Il était marié depuis cinq ans, mais il n'avait pas eu ' d'enfant. Il a laissé plusieurs frères, dont le second, le munschi Mir Mahmud Ali, lui succède à. la direction du journal de Pattyala (3).

' ' •• Dans le mois d'avril, le maharaja de Pattyala dont je viens r 'de parler, et dont j'ai fait connaître dans cette « Revue » I W « Hist. dé la littér. hiud. »*, t. II, p. 128. • (2) Ibid., t. Ier, p. 270. A A

Awadh flkhbzîr, 110, du 2 et du 9 avril. ' ' — 138 —•même

la générosité, spécialement à l'éga1•d du «d\1ahomedan College », est décédé, ainsi que nous l'apprennent les journaux indigènes (1) dans les termes les plus sympathiques et avec les plus heureuses métaphores de l'Orient. Qu'il me suffise de dire que le maharaja Dihraj Rajeschwar, Sri Maharaja Rajagan lllihndir Singh lllihndir Bahadur, wcîli (souverain) de Pattyala, est mort encore adolescent, à peine âgé de vingt-quatre ans, le 13 avril dernier, presque subitement, car le 9 avril précédent il avait dû distribuer les prix et les récompenses aux élèves du département de l'i11struction publique, cérémonie qu'il fut obligé de contremander, étant tombé malade ce jour-la même. M. Lepel Griffin, secrétaire du gouvernement de Penjab, s'est trouvé heureusement à ' Pattyala au moment du décès du maharaja, et on peut conclure par les paroles qu'il a adressées au premier ministre, le lchalifa Muhammad Huçain, qui dirige depuis longtemps A l'administration de ce pays, que Phéritier du prince étant un enfant en bas âge et exigeant une régence, l'habile et savant ministre continuera d'être à la tête des affaires (2). Le corps du défunt raja, qui était Hindou, a été transporté à Hardwar pour y être jeté dans le Gange. Précisément l'Ak/zbzîr-il saïantzyik Society'AZigm-h (3) prenait il y ~a peu de temps la défense de ce jeune souverain qui, à l'imitation du khalife Harun erraschid, se déguisait et pa1•courait pendant la nuit sa capitale afin de voir par lui-même ce qui s'y passait et de connaître les besoins de ses sujets. Il était critiqué sur ce point, parce qu'on trouvait qu'il dérogeait ainsi à, sa dignité, mais ses intentions étaient excellentes, et on ne pouvait que l'en louer.

En mai, notre « Institut » a perdu u11 de ses associés étrangers, dans la personne de Christian Lassen, Norvégien de (1) Entre autres le Panjdbî, n° du 9 avril 1876. (2) Allîgarh Akhbdr du 5 mai 1876.

(3) N° du 22 avril 1876. — 139 —•

naissance, ainsi que son nom Pindique (1), étant né à Bergen en 1800, mais domicilié depuis très-•longtemps âBonn, où il etait professeur de sanscrit, et toujours considéré comme Allemand. Il est réellement le vrai fondateur de l'école critique et historique de la philologie sanscrite en Allemagne. I ' Il est principalement connu dans le monde savant par sa » Grammaire pracrite, qui se rattache à l'étude de l'11hindoustani, puisque l'hindou, d'où dérive le dialecte moderne, était dans l'origine un pracrit. Il futlecollaborateur de notre Eugène Burnouf et publia avec lui son « Essai sur le pali », langue des livres sacrés du bouddhisme en Birman et à Ceylan, • V

Le 3 juin dernier, est décédé à Ragatz, en Suisse, où il était allédans l'espoir de rétablir sa santé altérée par ses incessants travaux, le Dr. Martin Haug, qui avait d'abord aidé o Bunsen pou1• son Bibelzverlce. Il fut ensuite nommé professeur de sanscrit à. Pouna, dans la présidence de Bombay, et A là, de 1859 à 1865, il se dévoua plus spécialement à l'étude du zend et du pehlvi, et en fit même l'objet de plusieurs ouvrages que j'ai en l'occasion de mentionner dans mes précédentes « Revues ». Il savait Phindoustani, et il s'y intéressait beaucoup, car il avait passe plusieurs années parmi les pandits, etil s'était occupé de cette langue en même temps B que du sanscrit, dont il avait reche1•ché et étudié les manuscrits. D'entre les ouvrages qu'il a publiés, qu'il me suffise de citer son « Essai sur le pehlvi ii, servant d'introduction à son Oldpahlavi Glossary, ouvrage antérieur à d'Islamisme », qu'il publia à Bombay par l'ordre du gouvernement en 1870, et son édition de l'A7•d-l/z'7•qf, imprimée aussi à Bombay en 1872, ouvrages dont cet éminent érudit avait bien voulu me gratifier. Après son retour en Europe il fut nommé pro (1) Sen, en suédois et en danois, est synonyme de sa/zn allemand et de son anglais et signifie u fils n, qui terminent beaucoup de noms propres dans I toutes ces langues. — 140 —

L fesseur de sanscrit et de zend à. l'U11iversité de Munich, ou il était'aussi un des membres les plus distingués de l'Aca- » démie royale que préside le célèbre chanoine Dôllinger. Le 25 juillet, l'éminent indianiste Robert Childers a été enlevé à la fleur de l'âge (car il n'avait que trente-huit ans), à l'érudition, à son aimable compagne, à ses jeunes enfants et à ses nombreux amis. D'entre les langues modernes de l'Inde, il s'était surtout occupé du cingalais ; mais il s'était 'adonne spécialement avec une sorte de passion à l'étude du pali, il y avait excellé, et il en avait rédigé un dictionnaire qui a été couronné par notreflcadémie des inscriptions. Il professait du reste cette langue à l'Université de Londres, et il était adjoint au savant et obligeant Mr. le Dr. Rost, à ;.la Bibliothèque de l' « India Office », pour la conservation de la précieuse collection de manuscrits et imprimés orientaux qui s'y trouvent. La perte de M. Childers est immense pour la littérature indienne, à qui la jeunesse du défunt semblait promettre une série de bons et utiles travaux. Espérons que son ami M. Léon Féer, héritier naturel du manteau de cet Élie de la science aryenne et bouddhiste, suivra comme Élisée et avec autant de succès les traces de celui qui néanmoins fut plutôt en 1•éalité son émule que son maître. A Le 10 août, il est mort aussi en Angleterre le grand arabisant Edward William Lane, à l'âge de soixante-quinze ans. Je le mentionne ici, bien qu'il ne se soit jamais occupé d'l1hindoustani, pa1•ce que l'arabe, dont il avait fait sa principale étude, est la base des langues de l'Orient musulman, et que sa connaissance est sinon absolument indispensable, du moins très-utile pour l'étude de ces langues, et par conséquent pour p celle de l'hindoustani-urdu. Ce savant modeste avait passé plusieurs années en Égypte, et il y avait été en rapport avec des schaikhs habiles en leur langue qu'il avait ainsi pu étudier à fond. Il parlait l'a1•abe avec facilité et se mettait aisément en rapport aqec les indigènes. C'est ainsi qu'il a pu publier ses «Manners and customs of modern Égyptiansav, - 141 +-

qui repeignent parfaitement la société égyptienne ; et sa traduction des « Mille et une Nuits », précieuse non-seulement pour sa fidélité, mais pour l'intérêt des notes instructives qui l'accompagnent. On lui doit aussi des « Sélections from thesCoran » ; mais son principal et plus beau travail est son Dictionnaire arabe (« Arabic english Lexicon »), trésor d'une vaste érudition, dont cinq volumes ont-pa1•u. Le sixième est sous presse, et les septièmeet huitième seront ensuite pu-, B bliés d'après les manuscrits de l'auteur. Bien qu'il aimàt beaucoup les musulmans, il n'en était pasîmoins bon chré-' 1 tien, Il suspendait tous les dimanches son travail assidu, et, comme il savait l'héb1•eu, il lisait la Bible dans 1original. Il I était correspondant depuis 1864 de notre Académie des -insc1•iptions'et belles-lettres. p

1 — Le 1er septembre, est mort subitement àltlirath un journaliste musulman très-estimable et fort spirituel, Mirza Muliammad Wijahat Ali Khan, propriétaire et rédacteur de ITA/¢hb¢î0-i Qîlam « les Nouvelles du monde », journal hebdo- 's madaîre de Mirath (1). On a pu voir que j'ai souvent cité ce B journal dans mes précédents « Discours » et «Revues, », car cet homme de lettres distingué m'envoyait généreusement son journal depuis plusieurs années, et j'en avais remarqué la sagesse, qui se manifestait par des réflexions opportunes et s Wqui n'excluait pas des traits d'esp1•it et des citations bien placées. Malheureusementil est a craindre que l'existence de t l'imprimerie, que cet habile musulman dirigeait et du journal hdont il était l'éd.iteur ne soit compromise, car Wijahat Ali ' n'a laissé qu'un fils de quatre ans. 1

Je pourrais mentionner ici d'autres orientalistes moins connus, mais qui n'étaient pas pour cela dépourvus de mé- (1]Je trouve l'anno¤ce de ce décès dans le '/llîgar/z Alzlzbdr du 15 et 'dans le Panjdbî du 16 septembre 1876. Ce dernier journal donne quatre différents quite ? sur le ùîrî/ch de ce décès, par le maulawi Abd ulhakim • Raïs, de Mirath, appelé poétiquement Josch.

— lâ ?. — rite. Qu'il me soit permis de leur appliquer ces vers vrai ment chrétiens de l'évèque de Lincoln : - What matters if though to our name No âge on carth be given ? If only lord, thy blessed hand A Will write our name in heaven (1).

(1) « The Holy year Hymns », p. 159.

NOTES

[1]Ou mieux Schâhanschâh, titre qu'on a vainement supposé être schiite. Voir ma lettre dans l'« Indian Mail » du 25 mars 1876.

[2]N° du 1er mars 1876.

[3]Et non bâdschâh, car ce mot paraît être l'hybride pati-schâh, « le seigneur Roi ».

[4]Aligarh Akhbâr du 16 mai 1876.

[5]Aligarh Akhbar du 23 juin 1876.

[6]Afin de satisfaire ses lecteurs, l'Awadh Akhbâr a publié à part, sous le titre d'Extra Awadh Akhbâr, le récit circonstancié de la réception qui a été faite dans l'Inde au Prince de Galles, en une brochure grand in-8° de 79 pages.

[7]« Indian Mail » du 6 décembre 1875.

[8]Hybride composé du mot hindoustani nâch « danse », et du mot anglais « girl » jeune fille.

[9]« Indian Mail » du 29 novembre 1875.

[10]Le journal hindi appelé Amrita bazâr patrika, mentionné dans ma « Revue » de 1870, p. 32, attaque violemment ce babu nommé Jaganand, au sujet de cette dérogation à l'étiquette indienne ; mais l'Awadh Akhbâr du 23 janvier 1876 prend sa défense.

[11]« Indian Mail » du 25 mars et du 1er avril 1876.

[12]On trouve à ce sujet dans le Panjâbi du 1er avril 1876 l'article suivant, dont, je lui laisse la responsabilité : « Lorsque le Prince de Galles devait aller à Delhi, les princes de la famille royale lui firent tenir une pétition pour lui demander le payement de leur pension. Le Prince de Galles prit connaissance de leur situation par l'entremise du commissaire, et il est étonnant qu'il n'ait adopté aucune mesure à ce sujet. Évidemment, la situation des princes de Delhi, qui avaient été élevés avec délicatesse, est maintenant telle, qu'ils sont même dans le cas de manquer de pain. Il y en a,

en effet, qui s'appellent Schâh 'âlam « Roi du monde », et qui demandent l'aumône. Il faut absolument qu'on ait pitié d'eux, qu'on éloigne du cœur l'inimitié, et qu'on la remplace par la compassion et la justice. »

[13]Présent offert en signe de dépendance. Le mot est arabe : son synonyme indien est bhenth.

[14]« Allen's Indian Mail » du 31 janvier 1876.

[15]Awadh Akhbâr du 16 février 1876.

[16]N° du 18 février 1876.

[17]Sorte de bâton de commandement, quelque chose comme le bâton de maréchal.

[18]N° du 27 février 1876.

[19]« Indian Mail », du 28 août 1876.

[20]Le vînd sanscrit, sorte de luth ou de guitare.

[21]Aligarh Akhbâr du 11 février 1876.

[22]N° du 28 mai 1876.

[23]Liçân ulhâl, qui joue un grand rôle dans les « Allégories arabes de Mucaddéci ».

[24]« Réceptions officielles ».

[25]Karor est synonyme de dix millions.

[26]Le lakh vaut cent mille.

[27]« Indian Mail » du 28 décembre 1875.

[28]« Hymns ancient and modern », n° 240.

[29]Voy. ma « Rhétorique et prosodie des langues de l'Orient musulman », p. 326 et suiv.

[30]À la lettre : « Tapage de la ville », sorte d'ode particulière à l'hindoustani.

[31]Nos du 9 et du 11 juin 1876.

[32]Il ne faut pas le confondre avec Jang Bahadur, souverain du Népal, qui, après avoir reçu le Prince de Galles dans son palais et avoir chassé avec lui dans le Teraï, est allé en pèlerinage à la ville d'Aoude (l'ancienne Ayodhya) en passant par Lakhnau et Faïzabad.

[33]« Indian Mail » du 22 mai 1870.

[34]Aligarh Akhbâr du 4 septembre 1876.

[35]On entend aussi parler l'hindoustani non-seulement dans les ports de mer de l'Asie et de l'Afrique, ainsi que je l'ai déjà dit, mais ailleurs, et, entre autres, à San Francisco, en Californie (« Galignani's Messenger » du 14 septembre 1876).

[36]« During my tour in India, I was greatly impressed by the increasing importance hindustani is acquiring. It is even more current every where as the lingua franca of the whole country than I expected to find. No one can hope to make himself acquainted with the people without knowing hindustani. »

[37]« The languages of India », p. 40. Il est bien étonnant (remarque Mr.

J. C. Clough, On the mixed languages, p. 19) que l'alphabet romain, modifié par les missionnaires, soit presque inconnu dans l'Inde, malgré les avantages qu'il paraît présenter.

[38]On appelle plus spécialement marwâri le dialecte des États rajpoutes.

[39]« Society for the propagation of Gospel in foreign parts. »

[40]« The languages of India », loc. cit.

[41]Panjâbî du 11 mars 1876.

[42]« La Langue et la littérature hindoustanies en 1875 », p. 11 et suiv.

[43]Le « Berar Herald », cité à ce sujet par un journal du Bengale (« le Bengali ») dans un article reproduit dans le 'Aligarh Akhbâr du 12 novembre 1875.

[44]Awadh Akhbâr du 19 janvier 1876.

[45]'Aligarh Akhbâr du 18 août 1876.

[46]N° du 13 février 1876.

[47]« Revue » de 1875, p. 33.

[48]Le munschi Aschraf Ali, Awadh Akhbâr, n° du 28 janvier 1876.

[49]Cet article est tiré de l'Awadh Akhbâr du 14 novembre 1875.

[50]N° du 12 novembre 1875.

[51]« Les Auteurs hindoustanis et leurs outrages en 1875 », p. 22 et suiv.

[52]« Le langage de la cour », le zabân-î urdû é mu'alla, « la langue du grand camp (et marché) de Dehli. »

[53]Voy. « Hist. de la littér. hind. », t. Ier, p. 193 et suiv.

[54]Il s'agit ici du célèbre Saïyid, fondateur de l'« Anglo-muhammedan College », d'Aligarh. Sur ce personnage, voyez mon « Hist. de la littér. hind. » et mes « Discours » et « Revues », passim.

[55]« Hist. de la littér. hind. », t. II, p. 460.

[56]Voy. « Revue » de 1874, p. 42, où il faut lire unnacûh au lieu de unnâcih, imprimé par erreur.

[57]Ces deux derniers ouvrages sont mentionnés in globo, ibid.

[58]Plusieurs ouvrages portent ce titre. Voy. « Hist. de la littér. hind. », t. I, p. 422.

[59]Entre autres du Kalîd-i Sukhan « la Clef du discours ». Voy. ma « Revue » de 1873, p. 22.

[60]Voy. ma « Revue » de 1871, p. 23.

[61]Voy. « Hist. de la littér. hind. », t. II, p. 537.

[62]Ibid., p. 485.

[63]Ne s'agit-il pas ici du fils de Saïyid Ahmad Khan ?

[64]Aux tirades sur l'or des séances de Hariri et de l'Anwâr-i Suhaïli que j'ai citées dans les « Aventures de Kamrup (p. 211 et suiv.), je dois ajouter celle du poëte urdu Schumla, qui dit, dans son Bâg o bahâr :

« L'or a un grand prestige, tout a lien dans le monde par l'or. Si on a de l'or, chacun vous recherche et vous secourt partout. Jinns et fées lul sont soumis. Ceux qui ne savent rien de ses acres comprennent-ils sa puissance ?

Avec l'or, on ne paraît craindre ni le jugement dernier ni la punition suprême : il dispose du matin et du soir. On le recherche ; pour l'acquérir, on dit des mensonges et on fait cinquante ruses. Désolé, la tête perdue, blessé et malheureux, on le désire encore au milieu de cent vexations. On l'acquiert avec peine, mais on ne peut l'emporter de ce monde. D'après sa promesse, on fait son chemin, mais la plainte reste et le désir aussi. Là où est cet infidèle, il a pour compagnes la peine et l'espérance ; mais ceux qui, dans le monde, le jugent sans voile, le considèrent comme un véritable poison. »

[65]Voy. « la Rhétorique et la prosodie des langues de l'Orient musulman », 2e édit., p. 195 et suiv.

[66]N° du 24 novembre 1875.

[67]Chi dilâwar ast duzdé ki, bakaff, chirâg dârad.

[68]« Deuil ». On donne aussi ce nom, ainsi qu'on le verra plus loin à la représentation du tombeau de Huçaïn. Voy. « l'Islamisme », p. 327 et suiv.

[69]Sur ces complaintes, voy. aussi « l'Islamisme », p. 325 et suiv.

[70]Awadh Akhbâr du 19 mars 1876.

[71]Ce mot signifie « quarantième ». Il s'emploie pour designer à la fois la quarantaine et le quarantième jour de deuil consacré à la mémoire du martyre de Huçaïn, et accessoirement de celui de Haçan. Ce deuil commence le 1er de muharram et finit proprement avec solennité le 10 de ce mois ; mais on célèbre encore le quarantième jour qui le termine en réalité, et qui tombe ainsi le 20 de safar, surnommé almuzaffar « le victorieux ».

[72]Fille de Huçaïn et petite-fille d'Ali.

[73]« La Langue et la littérature hindoustanies en 1875 », p. 101 et suiv.

[74]On a dernièrement publié à Lahore la collection des marsiyas d'Abbas, sous le titre de Majmu'a-i Marsiya.

[75]N° du 7 avril 1876.

[76]Ici le journaliste fournit la liste des trente-quatre marsiyas du premier volume et des trente-quatre du second, en ayant soin de donner le premier hémistiche de chacun de ces marsiyas.

[77]« Hist. de la littér. hind. », t. Ier, p. 408 et suiv.

[78]J'en parlerai plus au long dans l'Appendice.

[79]« Hist. de la littér. hind. », t. II, p. 450.

[80]En 94 pages ; Lakhnau, 1875. J'ai cité dans mon « Hist. de la littér. hind. », sous le titre de Daftar-i bémiçâl, un autre de ses diwans.

[81]Awadh Akhbâr du 12 décembre 1875.

[82]Synonyme hindi du baït arabe.

[83]N° 1 (1876) de la partie historique et philologique.

[84]« Proceeding of the Bengal As. Soc. », avril 1876.

[85]« La Langue et la littérature hindoustanies en 1875 », p. 36.

[86]« Hist. de la litter. hind. », t. II, p. 130 et suiv.

[87]Il est surnommé Udâci, nom d'une classe de faquirs hindous, et qualifié de niranjanî « sans passions », c'est-à-dire « indifférent à toute chose ».

[88]Awadh Akhbâr du 19 novembre 1875.

[89]« Journal of the Asiatic Society of Bengal », part. 1re, n° 3, 1875.

[90]Alîgarh Akhbâr du 19 mai 1876.

[91]Voy. ma « Revue » de 1871, p. 16, et celle de 1872, p. 36.

[92]N° du 16 avril 1876.

93]Voy. « Hist. de la littér. hind. », t. Ier, p. 541 et 5703, aux deux articles Haçan (le maulawi) et [Haçam 'Alî, qu'il faut réunir, et t. II, p. 413 et suiv.

[94]Lakhnau, 1875, 79 pages in-8°.

[95]En 80 pages in-8°.

[96]Voy. l'article de feu de Hammer à ce sujet dans le « Journal Asiatique, t. Ier, p. 267 et suiv., et mon propre article qui y fait suite, t. IV, p. 158 et suiv.

[97]Tout ceci est emprunté à l'Awadh Akhbâr du 14 jauvier 1876, qui l'a copié du Tahzîb ulakhbâr de 'Allî'garh (« Revue » de 1873, p. 36).

[98]Sous-entendu « des connaissances ».

[99]C'est-à-dire, natif ou originaire du nord de l'Arabie.

[100]C'est-à-dire, « louable ».

[101]Le Panjâbi du 1er juillet 1876 cite des fragments de cet ouvrage, et le 'Alîgarh Akhbâr y a consacré un long article dans son numéro du 19 septembre 1876.

[102]Ibid.

[103]Sur ce journal, voy. ma « Revue » de 1874, p. 71.

[104]'Alîgarh Akhbâr du 14 avril 1876 : Panjâbi du 20 mai 1876. Ce volume n'est, en réalité, que le tiers d'un ouvrage dont les deux autres parties n'ont pas encore paru.

[105]Il y a, en effet, le Recueil des proverbes de Roebuck et plusieurs autres collections.

[106]C'est ainsi que s'exprime le Panjâbi du 1er mai 1876. Voy. ma « Revue » de 1874, p. 49.

[107]T. III, p. 188.

[108]Il y a plusieurs poëtes de ce takhallus. Voy. « Hist. de la littér. hind. 1, t. Ier, p. 185, 186, et l'Appendice de cette « Revue ».

[109]Il y en avait déjà, entre autres, une en vers urdus, abrégée d'après le texte persan d'Abu'l fazl, par Schayan (Tota Ram), imprimée à Lakhnau en 1863.

[110]Sur ce poëte, voy. mon « Hist. de la littér. hind. », t. II, p. 290.

[111]Il ne faut pas confondre cet ouvrage avec un autre portant le même titre, mais par un autre auteur, mentionné dans mon à « Hist. de la littér. hind. », t. III, p. 148.

[112]T. III, p. 400.

[113]J'ai mentionné cet ouvrage, « Hist. de la littér. hind. », t. III p. 444, mais sans en indiquer l'auteur.

[114]Voy. l'article qui est consacré à cet écrivain dans l'« Hist. de la littér. hind. », t. III, p. 192.

[115]Panjâbi du 22 avril 1876.

[116]Il ne faut pas confondre ce poëme avec un ouvrage du même titre, mentionné dans ma « Revue » de 1874, p. 45.

[117]N° du 19 mai 1876.

[118]« Hist. de la littér. hind. », t. III, p. 362.

[119]Sur ce poëte, voy. mon « Hist. de la littér. hind. », t. II, p. 473.

[120]Nos du 23 et du 26 avril 1876.

[121]N° du 12 mars 1876.

[122]T. III, p. 225.

[123]Awadh Akhbâr du 17 mai 1876.

[124]Awadh Akhbâr du 22 septembre 1876.

[125]N° du 26 avril 1876.

[126]Le même probablement qui est mentionné dans ma « Revue » de 1875, p. 37, comme auteur d'un Tawîl-i manâm. Baschârat signifie « Bonne nouvelle, Évangile. »

[127]Panjdbî du 30 septembre 1876.

[128]Je parlerai plus loin de ce journal.

[129]On n'a pas oublié que ce mot signifie « Réunion poétique ».

[130]Sur ce journal cité dans l'Awadk Akhbâr du 19 juillet 1876, voy. ma « Revue » de 1875, p. 40.

[131]C'est sous ce titre que j'en ai publié la traduction en 1860.

[132]Voy. l'article consacré à cet écrivain dans mon « Hist. de la littér. hind. », t. III, p. 246.

[133]Sur ce poëme, voy. l' « Hist. de la littér. hind. », t. Ier, p. 17.

[134]Ce mot, qui est arabe, signifie proprement « héritier ».

[135]Calcutta, 1875, in-8° de 348 pages.

[136]Entre autres, dans la 1re édit. de mon « Hist. de la littér. hind. », t. II, p. 77, et 2e édit., t. II, p. 227.

[137]Page 233 de l'ouvrage de Banerjea, qui cite toujours les textes sanscrits à l'appui de ses assertions.

[138]Il ne faut pas confondre cet ouvrage avec d'autres livres qui portent le même titre et dont j'ai déjà parlé, entre autres avec celui du saïyid Imad Ali (schiite), mentionné dans ma « Revue » de 1873, p. 18.

[139]Ce poëte est mentionné dans mon « Hist. de la littér. hind. », t. III, p. 442.

[140]Entre autres, dans l'Awadh Akhbâr du 20 août 1876.

[141]J'ai fait connaître ce recueil dans ma « Revue » de 1870, p. 24, et l'auteur dans mon « Hist. de la littér. hind. », t. Il, p. 218 et suiv.

[142]Voy. « Hist. de la Iittér. hind. », t. Ill, p. 268 et suiv.

[143]Elle est reproduite dans le volume intitulé « Allégories, récits poétiques, etc. », p. 517 et suiv.

[144]« La Langue et la littérature hindoustanies en 1875 », p. 64.

[145]« An account of the primitive tribes and monuments of the Nilagiris », grand in-4° ; London, 1873.

[146]N° du 30 janvier 1876.

[147]N° du 7 juin 1876.

[148]ll y en a un seul dans l'Inde, qui est celui de Lahore, intitulé Mu fid-i 'âm « l'Utile à tous ». H. Hassoun, savant syrien, vient d'en fonder un à Londres sous le titre de Mirzât ulakwâl « le Miroir des événements ».

[149]N° du 25 février 1876.

[150]L'Alîgarh Akhbâr du 5 novembre 1875.

[151]N° du 13 mai 1876.

[152]C'est-à-dire « la Coupe de Jamsched », journal hindoustani de Mirat, copié par le 'Alîgarh Akhbâr du 10 mars 1876.

[153]Ce mot européen est employé par le journal hindoustani.

[154]N° du 10 mai 1876.

[155]Dans un article du 29 avril, traduit en hindoustani dans l'Awadh Akhbâr du 7 mai 1876.

[156]N° du 12 mai 1876, d'après le « Times of India » du 29 avril 1876.

[157]« Indian Mail » du 25 septembre 1876.

[158]'Alîgarh Akhbâr du 5 novembre 1875.

[159]« Public Opinion », de Lahore, du 27 juillet 1876.

[160]Ce journal serait-il le même que le « Jabalpur Chronicle », journal urdu, mentionné dans ma « Revue » de 1873, p. 36 ?

[161]Ce mot, qui est arabe et qui signifie « figure, forme », est, à ce qu'il paraît, le surnom poétique ou takhallus de ce pandit, qui écrit probablement des poésies urdues.

[162]« Indian Mail » du 13 mars 1876.

[163]T. III, p. 479.

[164]Voy. ma « Revue » de 1875, p. 50.

[165]C'est-à-dire « riche ».

[166]Cité dans l'Awadh Akhbâr du 5 décembre 1875.

[167]« La Langue et la littérature bindoustanies en 1875 », p. 48.

[168]Celui du zicada 1292 (11 décembre 1875).

[169]Awadh Akhbâr du 3 mai 1876.

[170]« La Langue et la littérature hindoustanis en 1875 », p. 82.

[171]« Indian Mail » du 29 novembre 1875.